"读原著·学原文·悟原理"丛书

DUYUANZHU XUEYUANWEN WUYUANLI

《〈黑格尔法哲学批判〉导言》
这样学

孙熙国　张　梧 | 主编

朱　红　曹金龙 | 著

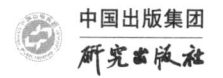

中国出版集团
研究出版社

图书在版编目(CIP)数据

《〈黑格尔法哲学批判〉导言》这样学 / 朱红, 曹金龙著. -- 北京：研究出版社, 2022.4
ISBN 978-7-5199-1181-2

Ⅰ.①黑… Ⅱ.①朱… ②曹… Ⅲ.①黑格尔(Hegel, Georg Wilhelm Friedrich 1770-1831) - 法哲学 - 马克思著作研究 Ⅳ.①A811.21

中国版本图书馆CIP数据核字(2022)第055461号

出 品 人：赵卜慧
出版统筹：张高里　丁　波
责任编辑：朱唯唯
助理编辑：何雨格

《〈黑格尔法哲学批判〉导言》这样学

HEIGEER FAZHEXUE PIPAN DAOYAN ZHEYANGXUE

朱红　曹金龙　著

研究出版社　出版发行

（100006　北京市东城区灯市口大街100号华腾商务楼）
北京中科印刷有限公司印刷　新华书店经销
2022年4月第1版　2023年1月第3次印刷
开本：787毫米×1092毫米　1/32　印张4.25
字数：56千字
ISBN 978-7-5199-1181-2　定价：32.00元
电话（010）64217619　64217612（发行部）

版权所有·侵权必究
凡购买本社图书，如有印制质量问题，我社负责调换。

"读原著·学原文·悟原理"丛书编委会

编委会主任：

孙熙国　孙蚌珠　孙代尧　张　梧

编委（以姓氏笔画为序）：

王　蔚　王继华　田　曦　任　远

孙代尧　孙蚌珠　孙熙国　朱　红

朱正平　吴　波　李　洁　何　娟

汪　越　张　梧　张　晶　张　懿

余志利　张艳萍　易佳乐　房静雅

金德楠　侯春兰　姚景谦　梅沙白

曹金龙　韩致宁

编委会主任

孙熙国,北京大学马克思主义学院教授、博导,北京大学习近平新时代中国特色社会主义思想研究院常务副院长,北京大学学位委员会马克思主义理论学科分会主席,国家"万人计划"教学名师,中央马克思主义理论研究和建设工程课题组首席专家,国务院学位委员会马克思主义理论学科评议组成员,教育部马克思主义理论类专业教学指导委员会副主任委员。兼任国际易学联合会会长,中国历史唯物主义学会副会长,北京市高教学会马克思主义原理研究会会长。

在《哲学研究》等刊物发表学术论文百余篇,著有《先秦哲学的意蕴》《马克思主义基本原理前沿问题研究》(第一作者)等,主编高校哲学专业统一使用重点教材《中国哲学史》,主编全国高中生统用教科书《思想政治·生活与哲学》《思想政治·哲学与文化》,获首届全国优秀教材一等奖。主持"马藏早期文献与马克思主义在中国的早期传播""马克思主义基本原理的学科对象与理论体系"等国家哲学社会科学重大项目和重点项目。

孙蚌珠,经济学博士,教授。现任北京大学马克思主义学院党委书记、习近平新时代中国特色社会主义研究院副院长。教育部高等学校思想政治理论课教学指导委员会委员总教指委主任委员、"形势与政策"和"当代世界经济和政治"分指导委员会主任委员。马克思主义研究和建设工程首席专家,国家义务教育教科书"道德与法治"编委会主任,国家统编高中思想政治教材《经济与社会》主编、国家中等职业学校思想政治教材编委会主任。中国政治经济学学会副会长、中国《资本论》研究会副会长。主要从事政治经济学、中国特色社会主义经济理论与实践研究,获得过北京市科学技术进步二等奖,是全国首届百名优秀"两课"教师、全国思想政治理论课影响力标兵人物、北京市高等学校教师名师、国家"万人计划"教学名师、享受国务院政府特殊津贴专家。

孙代尧,北京大学法学学士、硕士和博士。现任北京大学博雅特聘教授、社会科学学部学术委员和马克思主义学院学术委员会主任,《北京大学学报(哲学社会科学版)》主编。曾任马克思主义学院副院长、学位委员会主席、教育部高校思政课教学指导委员会委员。

先后入选国务院政府特殊津贴专家、中宣部全国文化名家暨"四个一批"人才、国家"万人计划"第一批哲学社会科学领军人才;担任中央马克思主义理论研究和建设工程专家、中国科学社会主义学会副会长等。

主要从事马克思主义理论、社会主义历史和理论等领域的教学和研究。担任教育部哲学社会科学研究重大课题攻关项目、国家社科基金重大项目首席专家。科研成果曾获北京市哲学社会科学优秀成果一等奖等多个奖项。

张梧,哲学博士。现为北京大学哲学系助理教授、研究员、博士生导师,中国人学学会秘书长、北京大学中国特色社会主义理论体系研究中心研究员、济宁干部政德学院"尼山学者"。主要研究方向是马克思主义哲学史、社会发展理论等。曾著有《马克思恩格斯〈德意志意识形态〉研究读本》《社会发展的全球审视》等学术专著,在《哲学研究》等核心期刊发表论文30余篇。

代序

马克思主义可以这样学

马克思主义应该怎样学？马克思主义经典著作应该怎样读？北京大学马克思主义学院以博士生的"马克思主义经典著作研读"课为抓手，进行了积极的探索，走出了一条"读原著、学原文、悟原理"的新路子，逐步形成了马克思主义理论专业人才培养的"北大模式"。

北京大学具有学习、研究和传播马克思主义的光荣传统。北京大学是中国马克思主义的发祥地，是中国共产党最早的活动基地，是中国马克思主义理论教育的诞生地。1920年，李大钊在北大开设了"唯物史观""工人的国际运动与社会主义的将来""社会主义与社会运动"等马克思主义理论课程和专题讲座，带领学生阅读马克思主义经典著作，公开讲授和宣传马克思主义。李大钊在北大所做的这些工作，与拉布里奥拉在意大利罗马大学、布哈林在苏俄红色教授学院、河上肇在日本京都帝国大学进行的马克思主义理论教学和研究工作，共同开启了马克思主义理论进入高校课堂的先河。

一百多年过去了，一代代的北大人始终把学习研究和宣传马克思主义作为自己的崇高使命，始终把马克思主义经典著作的学习研读作为教育教学的一项重要内容。2014年5月4日，习近平在北京大学师生座谈会上的讲话中指出，北京大学是新文化运动的中心和五四运动的策源地，是这段光荣历史的见证者。长期以来，北京大学广大师生始终与祖国和人民共命运、与时代和社会同前进，在各条战线上为我国革命、建设、改革事业作出了重要贡献。2018年5月2日，习近平总书记在北京大学考察时指出，北京大学是中国最早传播和研究马克思主义的地方。中国共产党的主要创始人和一些早期著名活动家，正是在北大工作或学习期间开始阅读马克思主义著作、传播马克思主义的，并推动了中国共产党的建立。这是北大的骄傲，也是北大的光荣。由此我们可以看到，北大具有学习研究和传播马克思主义的光荣传统，具有与祖国和人民共命运、与时代和社会同前进的光荣传统，具有爱国、进步、民主、科学的光荣传统。因此，如果要讲北大传统，首先就是马克思主义的传统；如果要讲北大精神，首先就是马克思主义的精神。北大学习研究和传播马克思主义的精神和传统始终与马克思主义经典著作的研读和学习紧紧结合在一起。

2018年5月2日，习近平总书记视察北大马克思主义学院时指出："高校马克思主义学院就是要坚持'马院姓马，在马言马'的鲜明导向和办学原则，为巩固马克思主义在意识形态领域的指导地位，推动马克思主义进校园、进课堂、进学生头脑，发挥应有作用。"在习近平总书记重要讲话精神的指导下，北京大学马克思主义学院逐步确立了以"埋首经典，关注现实"为基本理念、以马克思主义经典文献学习研读为重要内容的马克思主义卓越人才培养的"北大模式"。其中加强和完善"马克思主义经典著作研读"课程，并对研究生、特别是博士研究生进行马克思主义经典著作的中期考核成为北大博士生培养的一个重要环节。

北京大学马克思主义学院的学生究竟怎样学习马克思主义基本原理？怎样阅读马克思主义经典著作呢？

习近平总书记指出："学习理论最有效的办法是

读原著、学原文、悟原理。"要学好马克思主义理论，就必须要读马克思主义经典作家的原著，学马克思主义经典作家的原文，悟马克思主义基本原理。一句话，就是必须要学好马克思主义经典著作。"马克思主义经典著作"这门课一直是我国高校马克思主义学院研究生的核心课程。北大给硕士生开设的马克思主义经典著作课叫"马克思主义经典著作导读"，给博士生开设的马克思主义经典著作课叫"马克思主义经典著作研读"。我负责博士生的"马克思主义经典著作研读"课始自2010年秋季。一开始是我一个人讲，后来孙蚌珠、孙代尧老师加入进来，再后来马克思主义基本原理所、马克思主义发展史所的老师们也陆续加入到了本课程的教学和研究工作中。博士生的"马克思主义经典著作研读"课程的学习时间是一年，学习阅读的文本有30多篇。北大学习研读经典文本的基本方式是在学习某一文本之前，先由学生来做文献综述，通过文献综述把这一文本的文献概况、主要内容、学界争论的焦点问题、学者研究的基本方法和形成的基本范式梳理概括出来。呈现给读者的这套《读原著、学原文、悟原理》丛书，就是北京大学马克思主义学院2016级博士生在"马克思主义经典著作研读"课程学习过程中，在授课老师指导下围绕所学的马克思恩格斯经典文本完成的成果结集。授课教师从2016级博士生的研读成果中精选出了优秀的研究成果，经反复修改完善，以"读原著、学原文、悟原理"作为丛书书名出版。

本丛书收录了从马克思高中毕业撰写的三篇作文到恩格斯晚年撰写的《路德维希·费尔巴哈和德国古典哲学的终结》等代表性著述20余篇。这20篇著作是北京大学马克思主义学院马克思主义理论一级学科各专业和政治经济学、科学社会主义与国际共产主义运动专业博士生必修课"马克思主义经典著作研读"的必学书目。丛书作者对这20余篇著作的研究状况和研究内容的梳理、概括和总结，基本上反映了北大"马克思主义经典著作研读"课程的主要内容，展现了北大马克思主义学院博士生学习研读马克思主义经典著作的基本情况，是北大博士生阅读马克思主义经典文本、学习马克思主义基本原理的一个缩影。在某种意义上说，这些成果体现了北大马克思主义学院博士生学习马克思主义经典著作的基本方式。因此，我们可以自豪地说，马克思主义经典文本可以"这样读"，马克思主义基本原理可以"这样学"。

本书对马克思恩格斯每一时期文本的介绍和阐释主要是围绕以下四个方面的内容展开的。一是对马克思恩格斯这一文本的写作、出版和传播等主要情况的介绍和说明，二是对这一文本的主要内容的介绍和提炼，三是对国内外学者关于这一文本研究的基本方法、形成的基本范式和切入点的概括总结，四是对国内外学者在这一文本研究过程中所涉及到的一些具有争议性的问题或焦点问题的梳理和辨析。在每一章的后面，作者又较为详细地列出了该文本研究的主要参考文献，也就是关于每一个文本的代表性研究成果。本书力图从以上四个方面入手，尽可能客观全面地展示国内外学者关于马克思恩格斯这些经典文本的研究状况、研究结论和研究方法，以期对马克思主义学院师生学习、研读马克思主义经典著作提供参考和借鉴。

马克思主义理论是我们做好一切工作的看家本领，也是领导干部必须普遍掌握的工作制胜的看家本领。我们期望这套20本的"读原著、学原文、悟原理"丛书能够在这方面给大家提供一些积极的启示和有益的帮助。

孙熙国

2022.2

目 录 CONTENTS

一、文献写作概况　　001

二、文献内容概要　　004

三、研究范式　　017

四、焦点问题　　036

一、文献写作概况

普鲁士政府在1843年1月决定查封《莱茵报》，马克思于同年3月17日发表声明退出了该编辑部，并于当年5月来到克罗茨纳赫城，"从社会退回书房"，通过消化《莱茵报》的经验、深入研究历史，以及对黑格尔法哲学进行批判，思想上取得了重要的进展。自从《莱茵报》被查封以后，马克思就与卢格商量在法国创办新刊物，以便把德国和法国的革命者联合起来。这一刊物就是马克思和卢格主编的《德法年鉴》。为了创办《德法年鉴》，马克思于1843年10月底离开德国，前往共产主义运动和革命思潮十分活跃的"新世界的新首府"——巴黎。在这里，他一方面深入了解工人的生活和斗争，一方面继续进行理论研究，《〈黑格尔法哲学批判〉导言》(本篇简称《导言》)一文正是马克思于1843年10月中旬至12月中旬在巴黎为《黑格尔法哲学批判》所撰写的导读文章。《德法年鉴》的出版，是当时德法两国革命斗争中的重大事件，但由于马克思和卢格在《德法年鉴》的编辑立场和宗旨上存在着原则上的分歧，《德法年鉴》只出版了一期。马克思是这期刊物的主要撰稿人，他发表了给卢格的三封信和《论犹太人问题》《〈黑格尔法哲学批判〉导言》等文章；恩格斯发表了《政治经济学批判大纲》和《英国状况——评托马斯·卡莱尔的"过去和现在"》。

马克思于1843年3月中旬至9月底撰写了《黑格尔法哲学批判》，用唯物主义观点对黑格尔《法哲学原理》中阐述的国家问题部分做了全面分析，特别是对黑格尔在国家与市民社会关系问题上所持的唯心主义观点进行了深刻批判，指出"不是国家决定市民社会，而是市民社会决定国家"。随后，马克思和夫人燕妮于1843年10月底，从克罗茨纳赫来到巴黎。当时的巴黎是无产阶级和资产阶级斗争最激烈的地方，是马克思研究和吸取法国人民政治斗争的经验，训练革命队伍的理想城市。与此同时，巴黎还是当时流行的各种社会主义和共产主义理论的策源地，这里有着丰富的社会主义理论文献和大量的社会主义出版物，聚集着许多社会主义学派的活动家，例如布朗基、卡贝、蒲鲁东等。马克思到达巴黎后，与法国的民主主义者、社会主义者以及德国的正义者同盟成员建立了联系。马克思考察了法国的工人运动，研究了当时进步思想界的政治思想，为了了解工人阶级斗争的情况，马克思经常到工人家庭进行访问，和普通工人交朋友，与他们促膝长谈；积极和正义者同盟的领袖、法国秘密的工人社团的领袖们交往，并参加工人集会，最终写就了《导言》，并于1844年2月发表在《德法年鉴》上。"为了解决使我苦恼的疑问，我写的第一部著作是对黑格尔法哲学的批判性分析，这部著作的导言曾发表在1844年巴黎出版的《德法年鉴》上。"①

文章从宗教批判到政治批判继而到哲学批判，指出了无产阶级作为解放人类的物质基础的重要作用。1850年，《导言》的法译文以节选的形式收入海·艾韦贝克的著作《从最新的德国哲学看什么是宗教》；1887年《导言》的俄文版在日内瓦出版。1890年12月2—10日，《柏林人民报》又重新发表了这篇导言。马克思本来打算在《德法年鉴》上

---

① 《马克思恩格斯文集》第2卷，人民出版社2009年版，第591页。

发表这篇《导言》之后，接着完成在1843年已经着手写的《黑格尔法哲学批判》这部著作并把它付印。《德法年鉴》停刊后，马克思逐渐放弃了这一计划。他在《1844年经济学哲学手稿》的序言中曾说明原因：他不满意把针对黑格尔的思辨观点的批判同针对各种材料本身的批判混合在一起写成一部著作，且格言式的叙述会给人以任意制造体系的印象。鉴于这种考虑，马克思认为最好以单独的小册子形式分别对法、伦理、政治等进行批判，再用一部批判性著作概述对唯心主义思辨哲学的批判。此外，1844年5—6月以后，马克思已经忙于其他工作，把经济学研究提到了首位。从1844年9月起，由于需要对青年黑格尔派进行反击，马克思改变了自己的想法，开始把阐述新的革命的唯物主义世界观同批判青年黑格尔派以及德国资产阶级和小资产阶级其他代表的唯心主义世界观结合起来。马克思和恩格斯合著的《神圣家族》和《德意志意识形态》完成了这项任务。

二、文献内容概要

在《导言》一文中，马克思从唯物主义和无神论的立场出发，揭示了宗教的社会根源和本质，论述了对宗教批判同对现实世界批判的关系，揭示了德国资产阶级的国家哲学和法哲学维护德国现存制度的本质，指出这种哲学在黑格尔的著作中得到了最为系统的表现，提出了"向德国制度开火"的革命任务。同时，马克思在这篇著作中阐释了革命理论同革命实践相统一的思想，并首次阐明了无产阶级的历史使命。因此，《导言》被认为是马克思从唯心主义向唯物主义，从革命民主主义向共产主义转变过程中的重要著作。

《导言》从评论宗教批判开始。《导言》的第1段至第7段是该文章的"导言"部分，主要是对德国宗教进行了批判。马克思首先指出，由于宗教是旧社会赖以存在的重要基础，因此，对宗教的批判是一切其他批判的前提。"谬误在天国为神祇所做的雄辩一经驳倒，它在人间的存在就声誉扫地了"，这句话将宗教看作一种谬误，当其虚假的外壳被剥落，谬误一经暴露，它在人间的声誉便会扫地。因此，人们不能继续在天国中寻找"超人"和"非人"，而要在国家、社会中寻找真正的人。宗教不是本来就有的，是由人创造的，而不是宗教创造了人。"宗教所反映的是一种颠倒、虚幻的意识,宗教不能够从根本上获得和控制人的感觉和自我意识,人是实实在在的存在物,人处在人的世界,有国家和社会,而不是处在抽象的世界里。在人生存的世界中,人的本质的虚幻反映产生了宗教,从这个角度来说,人的本质在幻想中的实现即为宗教。"[1]宗教的产生与人们在现实生活中所经历的苦难现实密不可分,它作为人民虚幻的幸福而存在,而这种虚幻的幸福并非现实的幸福,虽然能带给人民精神上的抚慰,但无助于直面尘世、解决现实中的苦难。"费尔巴哈曾在《基督教的本质》中指出,宗教是人创造出来的,宗教不是本来就有的,因此宗教不可能创造人。青年黑格尔派也赞同这一观点,并将该观点作为其宗教批判的依据。因为一些国家存在斗争,而这些国家中大多都有自己的宗教,因此进行宗教批判也就间接地反对、阻止了封建国家之间的斗争。"[2]可见,宗教是人民不满和逃

---

[1] 张立杰、冯洁玉:《〈黑格尔法哲学批判〉导言》的内在逻辑及批判路径》,载《社会科学辑刊》2018年第4期。
[2] 张立杰、冯洁玉:《〈黑格尔法哲学批判〉导言》的内在逻辑及批判路径》,载《社会科学辑刊》2018年第4期。

避苦难现实而找寻到的精神避难所和慰藉剂，故而对作为人民虚幻幸福的宗教的批判，实际上是对人民所面临的苦难尘世批判的开端，而这种批判能够使人不再抱有幻想并作为具有理智之人来思考和行动，不再围绕宗教来转动。"宗教只是虚幻的太阳，当人没有围绕自身转动的时候，它总是围绕着人转动。"① 因此，马克思指出，"真理的彼岸世界消逝以后，历史的任务就是确立此岸世界的真理"②。但是，社会革命决不能仅仅限于宗教批判，而应该把"对天国的批判变成对尘世的批判，对宗教的批判变成对法的批判，对神学的批判变成对政治的批判"③。

《导言》从第8段至第27段对德国的现状进行批判。其中，前半部分是对德国制度展开批判，后半部分批判了德国的法哲学和国家哲学。前半部分，"马克思认为德国的经济和政治现实都远远落后于当时的现代国家——法国和英国，也就是说，德国还没有进入现代社会。从政治角度来看，马克思认为1843年的德国还没有达到1789年的法国水

---

①②③《马克思恩格斯文集》第1卷，人民出版社2009年版，第4页。

平"①。马克思在《导言》第9段中指出:"如果想从德国的现状本身出发,即使采取惟一适当的方式,就是说采取否定的方式,结果依然是时代错乱。即使对我国当代政治状况的否定,也已经是现代各国的历史废旧物品堆藏室中布满尘灰的史实。即使我否定了敷粉的发辫,我还是要同没有敷粉的发辫打交道。即使我否定1843年的德国制度,但是按照法国的纪年,我也不会处在1789年,更不会是处在当代的焦点。"②马克思又进一步指出,"德国现状是旧制度的公开的完成,而旧制度是现代国家的隐蔽的缺陷""现代德国制度是时代错乱,它公然违反普遍承认的公理""现代的旧制度不过是真正主角已经死去的那种世界制度的丑角"③。从经济发展水平来看,1843年的德国也远远落后于英国和法国。马克思认为德国正在开始走英国和法国早已走完的道路,并以"现代主要问题之一"的工业以及财富领域和政治领域的关系为例做了详细的说明。"在法国和英国

---

① 刘洪刚:落后国家的跨越发展:《德国何以实现人类解放——重读〈黑格尔法哲学批判〉导言》,载《理论月刊》2012年第10期。
② 《马克思恩格斯文集》第1卷,人民出版社2009年版,第4—5页。
③ 《马克思恩格斯文集》第1卷,人民出版社2009年版,第7页。

行将完结的事物，在德国现在才刚刚开始。这些国家在理论上激烈反对的、然而却又像戴着锁链一样不得不忍受的陈旧腐朽的制度，在德国却被当作美好未来的初升朝霞而受到欢迎，这个美好的未来好不容易才敢于从狡猾的理论向无情的实践过渡。在法国和英国，问题是政治经济学，或社会对财富的统治；在德国，问题却是国民经济学，或私有财产对国民的统治。因此，在法国和英国是要消灭已经发展到终极的垄断；在德国却要把垄断发展到终极。那里，正涉及解决问题；这里，才涉及冲突。"①

马克思指出："有个学派以昨天的卑鄙行为来说明今天的卑鄙行为是合法的。"这里的"有个学派"指的是历史法学派，这一学派于18世纪末在德国兴起。但是这一学派只研究过去，并且研究的是虚构的历史，然后再用历史上的一些卑鄙行为为现实辩护。而具有自由思想的人，要到条顿原始森林中寻找自由，这里所说的"条顿原始森林"指的就是自然。这两种做法显然都是错误的。所以马克思要向德国制度开火，愤怒地揭露以卑鄙为生的政

---

① 《马克思恩格斯文集》第1卷，人民出版社2009年版，第8页。

府黑幕。然而社会上的各色人等"承认和首肯自己被支配、被统治、被占有全是上天的恩准",也就是说,这些人感激被支配这样一个事实。因此,批判德国制度的目的和意义在于使德国的耻辱变得更加耻辱,同时也揭示了一些现代国家隐蔽的缺陷。德国的历史低于现实,批判它不是为了拯救它,而是要消灭它,因为这种制度没有灵魂,应当彻底否定它;批判它是为了扫清这种制度的障碍,以使德国开始进入现代社会。然而,当时德国社会的现状是:社会上普遍的风气是民众不敢反抗政府,但又对政府不满。[①]

《导言》第22段至第27段是对德国法哲学及国家哲学的批判。在马克思看来,虽然德国的经济、政治、制度等都远远落后于法国和英国等现代国家,但德国的法哲学和国家哲学却达到了这些现代国家的水平,"德国的法哲学和国家哲学是唯一与正式的当代现实保持在同等水平上的德国历史"[②]。因此,对德国国家哲学和法哲学的批判就是对现代

---

① 张立杰、冯洁玉:《〈〈黑格尔法哲学批判〉导言〉的内在逻辑及批判路径》,载《社会科学辑刊》2018年第4期。
② 《马克思恩格斯文集》第1卷,人民出版社2009年版,第9页。

国家的批判，从而触及对现代国家中的人的解放的问题。德国社会的一个重要特点是哲学先于生活，而德国的国家哲学和法哲学在本质上却又是软弱的，这种德国哲学的现状与国家的现实一样。德国的国家哲学和法哲学从属于德国的现存制度，属于观念上的国家和法的制度，对它们的批判本身也属于对德国制度批判的一部分。德国有实践政治派和理论政治派之分，实践政治派要求否定哲学，其错误不在于提出了这一要求，而在于停留于这一要求，没有实现它也不可能实现它。该派并没有把哲学归入德国的现实范围之内。理论政治派则认为不消灭哲学就能够使哲学变成现实，它从哲学的前提出发，要么停留于哲学提供的结论，要么把从别处得来的要求和结论冒充为哲学的直接要求和结论。可见，马克思批判了割裂理论与实践内在关系的"理论派"与"实践派"。所谓实践派，是由德国一部分资产阶级自由主义者组成，他们企图直接用行动来改造社会，却忽视了哲学对社会批判的重要性；所谓理论派，即轻视现实的政治斗争，把一切斗争归结为理论斗争，重视思想革命，主要由鲍威尔代表的柏林"自由人"组成。理论派和实践派忽视了理论和实践、思维与存在的辩证关系。马克思对此批判道：实践派的错误在于没有看到德国哲学也是德国现实的一部分，对德国哲学的批判也是对德国制度的批判。他们没有看到"不在现实中实现哲学，就不能消灭哲学"。理论派的错误是：同样没有看到现存的哲学本身属于这个世界，而且是对这个世界的观念的补充。他们错误地认为，"不消灭哲学，就能够使哲学成为现实"①。

马克思认为："德国的国家哲学和法哲学在黑格尔的著作中得到了最系统、最丰富和最终的表述。"②黑格尔的法哲学和政治哲学，是现代国家本身的抽象的反映，对黑格尔法哲学的批判既是对现代国家及与其相联系的现实所做的批判性的分析，而且也是对德国的政治意识和法意识的否定。对德国的法哲学和国家哲学的批判，也就是对现代国家和对同它相联系的现实所做的批判性分析。"德国人那种置现实的人于不顾的关于现代国家的思想形象之所以可能产生，也只是因为现代国家本身置现实的人于不顾，或者只凭虚构的方式满足整个的

---

① 《马克思恩格斯文集》第1卷，人民出版社2009年版，第10页。
② 《马克思恩格斯文集》第1卷，人民出版社2009年版，第10页。

人。"①德国国家哲学和法哲学的现状和问题正是现代国家问题的反映。马克思还认为,"如果德国国家制度的现状表现了旧制度的完成,即表现了现代国家机体中这个肉中刺的完成,那么德国的国家学说的现状就表现了现代国家的未完成,表现了现代国家的机体本身的缺陷"。而要真正实现对思辨的法哲学的批判,需要投身于实践,需要通过革命的实践来实现对德国的批判。

接下来,马克思对德国革命的可能性进行了考察,指出人类解放所依靠的阶级力量只能是无产阶级。德国的革命是理论性的革命,应当将德国革命的水平提高到英法甚至高于英法革命的水平。"批判的武器当然不能代替武器的批判"②,这里"批判的武器"指的是哲学理论,而"武器的批判"指的是对自己的批判。对理论的批判只有用物质的力量,因为理论只要是正确的就能指导群众的行为。费尔巴哈把人看作自然人,而社会奴役人,把人当成狗,所以必须消除这个社会。从头脑开始革命是德国的传统,这个传统虽然很伟大,但是从历史的角度看,

---

①② 《马克思恩格斯文集》第1卷,人民出版社2009年版,第11页。

德国却像是在纸上谈革命。宗教把人归结为人的最高本质,现在每个人的日常生活都受到宗教的束缚,而专制制度的本质是把人不当人,所以德国理论是从坚决彻底地废除宗教出发的。路德的宗教改革虽然打破了以往教会的权威,提出了许多新问题,但那场改革是不彻底的。德国的革命想要彻底很难,因为它面临的一个最大的困难就是物质基础。德国只是用抽象的思维活动参与现代各国的发展,德国要想扫除改革的障碍,必须首先摧毁一切政治上的障碍。德国虽然在理论上超越了英法的政治解放,但是阻碍德国革命的是物质资料的严重匮乏。德国的现状落后于其理论水平,而德国统治者在历史舞台上的种种行为和丑态是导致德国落后的原因之一。德国的市民社会缺乏一个社会代表,而社会也必须有一个革命的对象。要实现普遍意义的革命,革命对象必须是全人类。德国的任何一个阶级都缺乏一种觉悟去鼓舞人民,任何一个阶级都缺乏组织民众实现普遍解放的能力,缺乏革命的大无畏精神。德国的资产阶级先天发育不良,而无产阶级却早熟,"因此,德国社会各个领域之间的关系就不是戏剧性的，而是叙事式的"①。这里的"戏剧性"指的是与现实的冲突性，"叙事式"指的是一种回避式、幻想式的方法。德国的资产阶级没有革命的热情和能力，那么，德国解放的实际可能性到底在哪里呢？德国的出路只能是依靠无产阶级。德国无产阶级的产生有它的特殊性：非正常产生、瞬间诞生。无产阶级这时候已经认识到自己将是未来世界的主人，因此他们否定私有财产，主张革命。②

最后，马克思指明了实现人类解放的途径。必须把理论批判与实践批判结合起来，把对德国现存制度的批判同这种制度的观念反映的黑格尔法哲学的批判结合起来，他指出，"批判的武器当然不能代替武器的批判，物质力量只能用物质力量来摧毁；但是理论一经掌握群众，也会变成物质力量。理论只要说服人（adhominem），就能掌握群众；而理论只要彻底，就能说服人（adhominem）。所谓彻底，就是抓住事物的根本。"③由此，我们看到了在

---

① 《马克思恩格斯文集》第1卷，人民出版社2009年版，第15页。
② 张立杰、冯洁玉：《〈黑格尔法哲学批判〉导言》的内在逻辑及批判路径》，载《社会科学辑刊》2018年第4期。
③ 《马克思恩格斯文集》第1卷，人民出版社2009年版，第11页。

《〈黑格尔法哲学批判〉导言》中人的普遍解放的现实道路：革命的哲学与物质力量相互结合。马克思提出："德国唯一实际可能的解放是以宣布人是人的最高本质这个理论为立足点的解放。"[1] 这表明，德国不应仅仅停留在国家层面的解放，"人的解放"才是最终的目标。这说明，德国将会走优于英法的资产阶级革命道路的无产阶级革命道路。马克思在这里所说的解放与政治解放不同，他提出了"人的解放"的途径。在对德国社会阶级进行分析后，马克思指出了无产阶级的条件和优势，肯定了无产阶级迫切需要革命的可能性和现实性：无产阶级是存在于全世界的有强烈革命愿望的阶级，并且这个阶级想要取得革命的胜利，需要通过革命、战斗来取得。马克思指出，无产阶级首先要从思想上获得力量，要运用哲学理论来指导和武装自己，解放德国的同时推动全人类走向共产主义。"哲学把无产阶级当做自己的物质武器，同样，无产阶级也把哲学当做自己的精神武器。"[2]

---

[1] 《马克思恩格斯文集》第1卷，人民出版社2009年版，第18页。
[2] 《马克思恩格斯文集》第1卷，人民出版社2009年版，第17页。

三、研究范式

关于马克思思想定位的问题一直是学界高度关注、无法绕开的一个焦点问题。对此，学界主要有"两个转变"研究范式（但对于在何种意义和程度上实现了转变，学者观点不一）、黄楠森先生的研究范式、孙伯鍨先生的研究范式、赵家祥先生的研究范式、北京大学马克思主义学院诸位老师的研究范式。

（一）"两个转变"研究范式

以《德法年鉴》为马克思思想发展历程中的重要标志节点的观点肇始于1914年列宁在《卡尔·马克思》一文的参考书目中提出的"两个转变"说，列宁提出，"1842年，马克思在《莱茵报》（科隆）上发表了一些文章……从这些文章可以看出马克思开始从唯心主义转向唯物主义，从革命民主主义转向共产主义。1844年在巴黎出版了马克思和阿尔诺德·卢格主编的《德法年鉴》，上述的转变在这里彻底完成"[①]。即马克思发表在《德法年鉴》

---
① 《列宁全集》第26卷，人民出版社1988年版，第83页。

上的《论犹太人问题》和《〈黑格尔法哲学批判〉导言》这两篇文章,"彻底完成"了从唯心主义向唯物主义、从革命民主主义向共产主义的转变。而列宁"两个转变"的依据主要有这样两点:马克思开始由宗教的批判转向对世俗社会的批判;看到了无产阶级的历史作用,于是由革命民主主义转向共产主义。如果是只转到自然观上是唯物主义、历史观上仍然是唯心主义的旧唯物主义和非科学社会主义的其他的社会主义,是不能算"彻底完成"转变的。

由于列宁的评价,该范式在很长一段时期内,在苏联和中国的哲学史研究中占据统治地位。苏联学者彼·费多谢耶夫等在《卡尔·马克思》一书中认同列宁"彻底完成两个转变"的论断,认为《〈黑格尔法哲学批判〉导言》回答了应当由谁克服政治解放的局限性来实现人的解放,哪种社会力量能体现社会的进步。能够实现全人类解放的阶级,应当是一个同整个现代社会处于对立的阶级,应当是一个如果不解放全人类就不能解放自己的阶级,这个阶级就是无产阶级。马克思关于无产阶级——资本主义社会的摧毁者和新的社会主义世界的创造者的世界历史作用的思想，具有重大的意义。它是社会主义从空想变为科学的起点。从这个时候起，是马克思世界观的形成过程，同时也就是科学共产主义即革命的无产阶级世界观的形成过程。① 苏共中央马克思列宁主义研究院在《马克思恩格斯全集》第1卷的说明中认为："马克思在《德法年鉴》上发表的论文和书信表明了他最终地从唯心主义转到了唯物主义，从革命民主主义转到了共产主义。"中文版《马克思恩格斯全集》和《马克思恩格斯选集》的编者也认同这一说法，在注释中指出："《导言》标志着马克思从唯心主义向唯物主义、从革命民主主义向共产主义的转变。"这一转变体现在马克思在这篇著作中第一次论述了无产阶级的历史作用，指出无产阶级要完成自己的历史使命，必须掌握革命理论同革命实践相统一的原理。

张守民老师也认同"两个转变"范式，认为《〈黑格尔法哲学批判〉导言》是马克思站在无产阶级立场，立足于"当代问题的中心"，研究当时德国现状和德国革命"往何处去"取得的初步成果，

---

① ［苏］彼·费多谢耶夫：《卡尔·马克思》，孙家衡等译，生活·读书·新知三联书店1980年版，第48页。

是标志着马克思由崇尚自由、民主的革命民主主义者和唯心主义者转变为"共产主义的唯物主义者"的重要著作。他认为马克思准确地抓住了当代问题的中心："彻底的革命、普遍的人的解放"，创立了共产主义的科学世界观，并进而转变了自己的政治立场，由致力于革命民主主义、资产阶级解放转变为致力于共产主义、无产阶级解放。"正是由于世界观和政治立场的转变，马克思在《导言》中提出并论证了一系列新思想、新观点，标志着马克思在创立共产主义的世界观的道路上迈出了具有决定意义的一步。"①

还有学者持相似的观点，认为"《〈黑格尔法析学批判〉导言》是标志马克思从唯心主义者、革命民主主义者转变为唯物主义者、共产主义者的一个重要历史文献"。池超波根据马克思在《〈黑格尔法哲学批判〉导言》中指出，无产阶级的历史任务就是通过社会主义革命，"消灭一切奴役制"，实现"全人类的解放"，实现共产主义。并引用列宁的观点——这时马克思"已作为一个革命家出现，主张

---

① 张守民：《坚定的立场伟大的转折——重读马克思的〈《黑格尔法哲学批判》导言〉》，载《高校理论战线》2011年第7期。

'对现存的一切进行无情的批判'，尤其是'武器的批判'；他诉诸群众，诉诸无产阶级"。由此得出马克思正是以此为起点，从唯物主义立场出发，在批判黑格尔哲学和英国古典政治经济学过程中制定了唯物主义历史观，进而发现了剩余价值，把社会主义从空想变为科学，创立了马克思主义理论，指明了实现共产主义的正确方向，为无产阶级和被压迫人民的解放事业，为共产主义伟大事业做出了不朽的贡献。①

（二）黄楠森先生的研究范式

黄楠森先生将马克思在《德法年鉴》时期的思想归置于"实现向唯物主义和共产主义的转变"框架下。他主要从马克思批判鲍威尔把犹太人和其他人的解放归结为纯宗教问题的错误观点，指出宗教并不是世俗狭隘性的原因，而只是它的表现；认为产生社会压迫的根源不在宗教中，而是在现实的社会关系中；论证了无产阶级的历史地位和历史使命；论述了"批判的武器和武器的批判的关系"。

---

① 池超波：《标志马克思世界观转变的一个历史文献——读马克思〈《黑格尔法哲学批判》导言〉札记》，载《厦门大学学报》（社会科学与哲学版）1983年第2期。

他指出："马克思对上述问题的论述，是从'人是人的最高本质'的基本观点出发的。这表明他还明显地受费尔巴哈人本主义的影响。但是他对宗教的根源的揭示，把'人类解放'归结为消灭私有制，对无产阶级使命的论证，对革命实践作用的论述，又远远超出费尔巴哈。也正是在这些基本点上，马克思已经实现向唯物主义和共产主义的转变。"[1]并指出，尽管此时马克思还没有摆脱旧哲学（主要是费尔巴哈人本主义）的影响，但在一些基本观点上已经同时实现了向唯物主义和共产主义的转变。

黄楠森先生的观点较为公允，他既看到了《导言》中马克思根本性的思想，在该意义上来说马克思已经实现了向唯物主义和共产主义的转变；但也强调在一些具体问题上仍然保留了哲学共产主义和人本主义，在该意义上来说还未真正实现转变。

（三）孙伯鍨先生的研究范式

孙伯鍨先生认为马克思的早期哲学思想经历了从"康德—费希特哲学"到"黑格尔哲学"再到"费尔巴哈式的自然唯物主义"的转变。孙伯鍨先

---

[1] 黄楠森：《马克思主义发展史》，高等教育出版社1998年版，第26页。

生认为马克思此时虽然已经转变到唯物主义和共产主义的立场上,但这还不是辩证唯物主义和历史唯物主义,也不是科学社会主义,而是一种带有浓厚的费尔巴哈色彩的人道主义的唯物主义和人道主义的共产主义。因为此时马克思还没有认识到从政治革命到社会革命的发展要依赖于现实历史的发展,而是认为实现人类解放的先决条件取决于哲学的发展和批判的水平。虽然马克思在论述了德国哲学对德国革命的决定性意义之后,谈到了德国无产阶级在人类解放中的作用,但这种论述的出发点是基于费尔巴哈的人道主义的唯物主义以及人道主义的共产主义,因而对无产阶级伟大历史作用的最初阐明方式,并不是历史唯物主义的。张一兵认为,此时马克思的思想在向唯物主义转变,但并非转向历史唯物主义,而是人道主义的唯物主义;开始接受共产主义思想,但还不是科学社会主义。[①]1843年《德法年鉴》时期,在青年马克思的哲学思想中发生了第一次重要理论转变:从青年黑格尔派自我意识的唯心主义转向费尔巴哈式的自然唯物主义,从民

---

① 张一兵:《马克思历史辩证法的主体向度》,南京大学出版社2002年版,第49—51页。

主主义转向抽象的共产主义。

这无疑是认为马克思的思想存在一个费尔巴哈阶段,即坚持"两次转变"的观点——马克思在1844年至1847年离开黑格尔走向费尔巴哈,又超过费尔巴哈走向历史(和辩证)唯物主义。[①]《德法年鉴》时期的马克思处于费尔巴哈阶段,他阐述的无产阶级的历史使命是带有浓厚费尔巴哈色彩的唯物主义和人道主义的共产主义。

(四)赵家祥先生的研究范式

随着学界研究的深入,越来越多的学者开始对"两个转变"研究范式进行创新与突破,试图从其他角度对不同时期马克思的思想进行定位。

赵家祥先生认为"两个转变"并不适用马克思的思想,他自称是放弃了"列宁的'两种转变'和'两次转变'观点的人"。我们对"两个转变"即赵家祥先生所说的"两种转变"已经较为熟悉了,他所说的"两次转变"指的是列宁在《哲学笔记》中所说的:"马克思在1844—1847年离开黑格尔走向费尔巴哈,又超过费尔巴哈走向历史(和辩证)唯

[①]《列宁全集》第55卷,人民出版社1990年版,第293页。

物主义。"① 在赵家祥先生看来，就唯物主义而言，"'两种转变'论认为马克思的《导言》'彻底完成'了向唯物主义和共产主义的转变，就应该是指已经转变到辩证唯物主义和历史唯物主义以及科学社会主义。因为如果是只转到自然观上是唯物主义、历史观上仍然是唯心主义的旧唯物主义和非科学社会主义的其他的社会主义，是不能算'彻底完成'转变的。如果'彻底完成''两次转变'是指这样的含义，那么又说'马克思在1844—1847年离开黑格尔走向费尔巴哈，又超过费尔巴哈走向历史（和辩证）唯物主义'，就显得自相矛盾了。不仅如此，而且'两次转变'的说法还内在地隐含着马克思曾经有过一个费尔巴哈人本主义的唯物主义阶段的思想。马克思在1842年到1844年虽然曾经深受费尔巴哈人本主义的唯物主义的影响，但他却从来没有成为一个完全的费尔巴哈主义者，没有经历一个费尔巴哈主义的阶段"②。就共产主义而言，"如果指的是前者，当时马克思的共产主义理论显然没有达到

---

① 《列宁全集》第55卷，人民出版社1990年版，第293页。
② 赵家祥：《〈黑格尔法哲学批判〉导言〉的历史地位》，载《北京大学学报》（哲学社会科学版）2012年第4期。

这样的高度；如果指的是后者，无论是空想社会主义还是'哲学共产主义'，都与马克思、恩格斯后来创立的科学社会主义有着本质的区别，所以也还不能算是完成了向共产主义的转变"[1]。

此时马克思与辩证唯物主义和历史唯物主义以及科学社会主义存在一定的差距：首先，认为德国可以不进行资产阶级民主革命而直接进行社会主义革命，这种超越革命发展阶段的思想，是不正确的，不久马克思就纠正了自己这种不正确的观点。其次，马克思当时"人类解放"的思想还具有历史局限性，它是把包括资产阶级在内的全人类一起解放，而不是无产阶级首先解放自己和被剥削的劳动人民，建立无产阶级专政，然后解放全人类。当时的"人类解放"思想，还没有达到无产阶级取得政治统治、建立无产阶级专政的高度，这是一个严重的缺陷。再次，马克思当时深受费尔巴哈的人本主义的唯物主义的影响，还没有自觉地意识到自己的观点与费尔巴哈的观点有本质的区别，他使用的"人的根本就是人本身""人是人的最高本质"这

---

[1] 赵家祥：《〈黑格尔法哲学批判〉导言〉的历史地位》，载《北京大学学报》（哲学社会科学版）2012年第4期。

两个命题，完全是费尔巴哈的人本主义的命题。最后，马克思当时才刚刚开始进行经济学的研究和对资产阶级经济学的批判，对德国社会的批判主要是从宗教、法律、政治方面进行的，尚未进行经济批判。他对共产主义的论证还主要是哲学的论证，缺乏经济学的论证，他当时的共产主义理论还属于"哲学共产主义"，没有达到科学社会主义的水平。①

赵家祥先生指出："马克思从开始思想转变到马克思主义的基本形成和公开问世，既是逐步克服旧思想、旧术语、旧表述形式的影响的过程，又是逐步形成新思想、新概念、新原理、新表述形式的过程，这个过程是十分艰难而非一蹴而就的，把这个多次转变的过程简单地归结为'两次转变'是欠妥的。"②赵家祥先生从范畴和原理的发展史角度入手，抓住一些具体问题来进行研究和甄别，如"人类解放""无产阶级"在不同文本中的具体含义，这是其研究的创新点。但是却也模糊了"立场的转变"和"观点的成熟"之间的差异和界限。列宁的"两个转变"说的是马克思立场（哲学立场和政

---

①② 赵家祥：《〈黑格尔法哲学批判〉导言〉的历史地位》，载《北京大学学报》（哲学社会科学版）2012年第4期。

治立场）的转变，而赵家祥先生用马克思观点的成熟与否来衡量"两个转变"是否成立，这显然是欠妥的。

（五）北京大学马克思主义学院诸位老师的研究范式

北京大学马克思主义学院的孙熙国、林峰老师认为，要从人的解放的角度来理解《导言》，来把握马克思思想的一致性。

孙熙国老师认为，并非任何思想家都存在一个思想转变的过程。有的思想家早年和晚年的思想差异很大，甚至是截然相反；也有一些思想家在其一生的学术历程中只是不断地丰富、发展和推进自己的思想，而不会推翻自己先前的思想。马克思即属于后者。马克思一生的学术研究和实践历程所围绕着的核心问题就是实现以无产阶级为代表的劳动群众的解放，正如他自己所说"目标始终如一"。但是，马克思在其一生的不同历史阶段中，由于身处的客观环境不同、实践活动的对象不同、需要完成的历史任务不同，相应地，其思想方法和为了完成历史任务而形成的理论也就呈现出了阶段性特征。因此，在讨论马克思思想的"转变"与发展时，应特别注意从马克思的实践活动的阶段性进程来把握马克思思想的演进，以马克思一生奋斗目标的"始终如一"来把握马克思思想的精神实质。孙熙国老师强调，不论是问题任务，还是思想方法，这些都是在马克思成长过程中不断变革和发展的东西。但是，马克思能够成其为马克思还需要一个不变的内核，它使前两者的变革发展成为可能，那就是实现无产阶级和人类解放的"总目标"[①]。

林峰老师认为《论犹太人问题》和《导言》不是什么马克思早期的"不成熟著作""不科学著作"，而是他一生中关于人类解放问题的基本著作、主要著作。它们是马克思本人探索人类解放问题的思想历程中的第一座里程碑，代表了他早期人类解放研究的最高成就，具有重大哲学价值和强烈的启发意义。[②] 在其中占据主导地位、构成其核心思想的就是马克思初步创立的具有较为鲜明的"马克思主义性质"的新哲学理论——人类解放理论。这一理论

[①] 孙熙国、王绯璐：《对马克思早期思想"转变"与发展的一点看法——以〈论犹太人问题〉和〈黑格尔法哲学批判〉导言〉为中心》，载《思想教育研究》2018年第10期。
[②] 林锋：《马克思〈问题〉与〈导言〉人类解放理论新探——兼评所谓"〈问题〉、〈导言〉不成熟论"》，载《东岳论丛》2011年第4期。

是相对于马克思先前著作及前人思想的重大哲学创新,马克思在后来的科学著作中并未抛弃《论犹太人问题》《导言》中提出的人类解放理论的核心思想,而是对其做了直接继承和重大发展,使其更加完备和系统化。

(六)对"两个转变"研究范式的驳斥与突破

1.转变未完成

科尔纽认为《导言》是马克思青年时代最好的作品之一,这篇文章实际上表明了马克思的青年黑格尔时期的结束和一个新的阶段的开始,而这个新阶段,就是他向辩证唯物主义、历史唯物主义以及科学共产主义逐步发展的时期。① 麦克莱伦就认为马克思此时还是激进的民主主义者,认为在当时,也就是1843年末,人道主义、民主主义和共产主义等词几乎可以交替使用,马克思对于"向何处去"这个问题还很糊涂,对于未来没有明确方向。②

韩立新认为,当时马克思的思想实质并非像列

---

① [法]奥古斯特·科尔纽:《马克思恩格斯传》第1卷,刘丕坤等译,生活·读书·新知三联书店1963年版,第623页。
② [英]戴维·麦克莱伦:《青年黑格尔派与马克思》,夏威仪等译,商务印书馆1982年版,第35页。

宁所概括的那样，是"从唯心主义向唯物主义，从革命民主主义向共产主义"，而是从国家向市民社会的转变。也就是说，在《德法年鉴》时期，马克思不仅取消了"国家和市民社会"的二元框架，走向了市民社会的一元哲学，而且自此再也未回到国家哲学的建构上来，而这一元框架的建构，是通过"人的解放"理论来构建的，"人的解放"就是要将因政治解放而分裂的"私人"和"公民"在同一个人身上重新统一起来，马克思认为这种统一必须"在自己的经验生活、自己的个体劳动、自己的个体关系中间"实现，也即要在市民社会中实现这种统一，是要让国家中的"公民"下降到市民社会，在"市民社会"中成为"类存在物"[①]。

孙要良在《对〈《黑格尔法哲学批判》导言〉三个经典命题的重新认识》一文中认为，马克思在写《〈黑格尔法哲学批判〉导言》时，"马克思虽然不断地在向唯物史观迈进，但是并没有彻底完成从唯心主义转向唯物主义、从革命民主主义转向共产主

---

① 韩立新：《从国家到市民社会——〈论犹太人问题〉和《〈黑格尔法哲学批判〉导言》研究》，载《河北学刊》2016年第5期。

义的过程"①。他对马克思《导言》原文中三处内容进行了再认识——"哲学不消灭无产阶级,就不能成为现实,无产阶级不把哲学变成现实,就不可能消灭自己""哲学把无产阶级当做自己的物质武器,同样,无产阶级也把哲学当做自己的精神武器""不摧毁政治现状的一般障碍,就不可能摧毁德国的特殊障碍"。通过对这三个命题的分析,"发现此时马克思虽然已经逐渐在向唯物主义和共产主义迈进,但是,在很多地方,他不仅沿用费尔巴哈和黑格尔的旧术语、旧表述,而且保留着浓厚的费尔巴哈人本学、黑格尔的绝对唯心主义和神秘主义辩证法的深刻影响,在某些方面甚至还完全以其为'哲学蓝本'。列宁说马克思此时'彻底完成了'从唯心主义向唯物主义、革命民主主义向共产主义的转变,如果这里唯物主义是指辩证唯物主义、历史唯物主义,共产主义是指科学共产主义,那么马克思此时显然没有完成这个转变,如果这里的唯物主义是指一般的唯物主义和共产主义,那么这个转变又有什

---

① 孙要良:《对〈〈黑格尔法哲学批判〉导言〉三个经典命题的重新认识》,载《马克思主义与现实》2013年第3期。

么意义呢?"①

王怀超认为,发表在《德法年鉴》上的文章表明马克思明确转到了共产主义立场,但是还没有彻底完成向科学共产主义的转变,因为此时马克思还受到费尔巴哈人本学影响,带有哲学共产主义的色彩,但是也同样包含着科学共产主义的因素,处于转变过程中。而科学共产主义世界观的确立还需要对资本主义社会进行科学剖析,揭示人类社会发展的客观规律和资本主义社会运动的特殊规律,之后才有可能。

2.界定转变标准

学者李健就马克思在何种因素和意义上实现了两大转变进行研究,认为从某种意义上而言,该时期马克思思想的两大转变已经完成。他提出:"就建立理论探索上新的路径依赖,并在这条新的道路上指出无产阶级运动一系列基本原则而言,两大转变在《德法年鉴》时期已经完成。如果以扬弃异化史观、发现唯物史观为尺度来衡量的话,那么这两

---

① 孙要良:《对〈〈黑格尔法哲学批判〉导言〉三个经典命题的重新认识》,载《马克思主义与现实》2013年第3期。

大转变是在 1845 年才完成的。"①

3. 驳斥"两个转变"

聂锦芳教授对"两个转变"的诠释框架和批判模式提出了质疑，认为这是"哲学的党性原则和日丹诺夫式的哲学史解读模式的一种贯彻及体现"②，他从文本出发，指出"姑且不论把这一旨在从哲学层面上更加深入地探究'国家、法与市民社会'之间的复杂关系，进而获得对'社会之谜'及'历史之谜'深刻理解的文献做了如上浅层次的思想梳理和政治策略抽象是否合适，就是对'共产主义'本身的解释、描绘和论证，马克思的思想在写作《〈黑格尔法哲学批判〉导言》时仍是不明确的。在以后的思想发展历程中，他的认识又几经修正、补充和变化"③。聂锦芳教授认为"两个转变"的阐释过于简单化，造成的影响是学界对马克思丰富的思想内涵视而不见。他首先对马克思主义哲学史研究中长期流行的"两个转变"的论解框架与批判模

---

① 李健：《青年马克思思想发展"两大转变"论再认识》，载《高校理论战线》2013 年第 1 期。
②③ 聂锦芳：《思想的传承、决裂与重构（上）——〈德意志意识形态〉创作前史研究》，载《河北学刊》2006 年第 4 期。

式提出质疑，然后具体分析了马克思与青年黑格尔派之间近十年复杂的思想纠葛，从而探求马克思的思想发展。他认为《导言》中马克思分析了当时德国经济状况、阶级关系和政治力量，寄希望于德国无产阶级，认为无产阶级是实现人类解放的实际前提和动力，这表明此时马克思已经认识到，在政治经济学领域内隐藏着人类关系的根本问题，只有走出哲学，进入政治经济学，把对"副本"的批判，推进到对"原本"的批判，才有可能创立全新的哲学。聂锦芳老师不再使用"两个转变"的话语，而是侧重青年马克思思想的独特发展过程。

此外，阿尔都塞在《保卫马克思》中用"认识论断裂"来解释马克思的思想发展，认为前期的马克思是一个人本主义唯心者，深受黑格尔影响，而经过了认识论的断裂才最终形成唯物史观。在书中他还抨击了正统的马克思主义与人道者马克思主义两种解释框架，认为"前者臆造出一种完成式的所谓哲学史理论作为辩解依据"，而后者则通过青年马克思来否定成熟时期的马克思。

我们很难抽象地断定《〈黑格尔法哲学批判〉导言》所完成的转变是在哪一个层次或意义上进行

的，因而不能说是整体思想的转型。并且"两个转变"的范式并没有指明马克思哲学变革的实质所在，而将"新哲学""新唯物主义"混同于一般的唯物主义了。

四、焦点问题

（一）《导言》中马克思的思想转变是否完成

青年马克思思想转变的问题最早由列宁提出，这种观点与西方马克思主义制造"两个马克思"（西方马克思学的观点）相对立，与用青年马克思否定老年马克思（以弗罗姆等为代表的人本学派），或者用老年马克思否定青年马克思（以阿尔都塞为代表的科学方法学派）不同，强调了马克思思想发展的连续性。我国理论界主要围绕着列宁的观点进行了反思与发展，形成了以黄楠森、孙伯鍨、赵家祥以及孙熙国等学者为代表的几种较为典型的解读范式。

列宁在《卡尔·马克思》中的论述首先阐发了马克思思想转变的问题，他指出，"1842年，马克思在《莱茵报》（科隆）上发表了一些文章……从这些文章可以看出马克思开始从唯心主义转向唯物主义、从革命民主主义转向共产主义。1844年在巴黎出版了马克思和阿尔诺德·卢格主编的《德法年鉴》，上述的转变在这里彻底完成"①。列宁主要依据《导言》中实现宗教批判转向世俗批判，这是一个具有唯物主义的命题，对社会意识的批判要通过对社会存在的批判来完成；另外，《导言》中提出了无产阶级的概念，表明从革命民主主义转向共产主义。由此，早期马克思思想经历"两大转变"的观点成为重要的理论问题，列宁的理解也成为一种经典的解读模式。苏联学者继承了列宁的观点，而我国学界又受苏联影响，形成了马克思在《德法年鉴》时期完成思想转变的传统观点。

一般认为，既然思想转变彻底完成，那就代表此时马克思的思想已经成熟了。确实有部分学者持有此类观点，把列宁所说的思想转变完成理解为思想成熟并予以支持论证。陶富源认为，《导言》和同时发表的《论犹太人问题》一起，标志着马克思已经从唯心主义转变到唯物主义，从革命民主主义转变到共产主义。在几个主要点上，即对宗教、哲

---

① 《列宁全集》第26卷，人民出版社1988年版，第83页。

学、政治、国家等社会现象产生根源的说明上，已经实现了向辩证唯物主义和历史唯物主义的过渡。他指出，从现实的内容来看，社会存在决定社会意识的原理在《导言》中已经从"市民社会决定国家"这一个别性的表述，上升成为一个带有普遍性的思想，从而被运用来说明社会现象和指导社会问题的解决。而且，他还明确反对马克思在《德法年鉴》时期的哲学思想就其性质而言，是处于从黑格尔式唯心主义向费尔巴哈式人本主义的过渡阶段的观点，认为应该用过程的观点来研究马克思在《德法年鉴》时期的哲学思想的性质。虽然此时马克思的唯物主义还不是成熟的唯物主义，但是未成熟的麦子也是麦子，同理，马克思此时的哲学思想也是唯物主义。[1] 金甸认为，马克思在《黑格尔法哲学批判》中就基本实现了从哲学唯心主义向哲学唯物主义的转变。马克思撰写《〈黑格尔法哲学批判〉导言》的根本目的，在于明确地阐明自己的观点，批判和肃清黑格尔法哲学的唯心主义。文中马克思

---

[1] 陶富源：《马克思主义哲学形成中的决定意义的一步——读〈《黑格尔法哲学批判》导言〉》，载《江西师范大学学报》（哲学社会科学版）1984年第4期。

用历史唯物主义的观点，论证了国家的产生及其实质。只是因为在《德法年鉴》发表马克思的两篇论文以前，他还未曾系统地研究过经济学，还不能用经济范畴去把握资本主义，从经济规律中推演出社会主义的科学结论，所以这个时期他的共产主义思想，只能以人本主义做论证，并在很大程度上，用人本主义的语言表达出来。也即是说，此时马克思思想中的人本主义只是形式，而实质是历史唯物主义。①岳海涌不仅认为马克思此时已经完成了"两个转变"，而且《导言》标志着马克思主义体系已具雏形，是马克思主义进一步发展、丰富、完善的根基。②段忠桥根据支持恩格斯在《关于共产主义者同盟的历史》一文的论述"马克思不仅得出同样的看法，并且在《德法年鉴》（1844年）里已经把这些看法概括成如下的意思：决不是国家制约和决定市民社会，而是市民社会制约和决定国家，因而应该从经济关系及其发展中来解释政治及其历史，

---

① 金怡：《马克思转向唯物主义和共产主义的重要标志——学习〈《黑格尔法哲学批判》导言〉札记》，载《江西社会科学》1985年第6期。

② 岳海涌：《马克思主义体系探源——读〈《黑格尔法哲学批判》导言〉》，载《兰州学刊》1992年第1期。

而不是相反"①，通过分析认为马克思对于历史唯物主义的最初阐释体现在发表于《德法年鉴》上的两篇文章中。这也间接表明他也认为此时马克思的思想转变已经完成②。

但是，我国学界虽然充分肯定了列宁"两个转变"的论断，随着研究资料的不断丰富，也做出了一定的修正。而学者们努力的方向，主要就在于转变彻底完成的标志是立场转变还是思想成熟。从立场转变而言，《导言》中马克思的思想无疑已经实现了哲学和政治观点的双重转变，但从思想成熟方面而言，学界普遍认为，到1845年以后《关于费尔巴哈的提纲》和《德意志意识形态》系统地论述了马克思主义的基本概念和基本原理，自觉清算了费尔巴哈人本主义的唯物主义的影响，既与唯心主义又与旧唯物主义彻底划清了界限，是标志马克思主义基本形成的著作。但由于这两部著作当时没有公开出版，所以1847年7月发表的《哲学的贫困》和1848年2月发表的《共产党宣言》，是标志马克

---

① 《马克思恩格斯文集》第4卷，人民出版社2009年版，第232页。
② 段忠桥：《马克思对历史唯物主义的最初表述是在〈黑格尔法哲学批判〉还是在〈德法年鉴〉》，载《社会科学研究》2008年第3期。

思主义公开问世的著作。有学者从立场转变的角度肯定并发展了列宁的观点，而有学者则对列宁的观点提出了质疑，当然，也有学者跳出了这一框架，从马克思思想的价值取向角度进行了论证，由此形成了不同的理解范式。

黄楠森把唯物主义和共产主义同科学的哲学世界观区别开来，认为马克思在《德法年鉴》上的文章，虽然还带有费尔巴哈人本主义的影响，但是基本方面却标志着马克思完成了"两个转变"。马克思转向唯物主义和共产主义，并不意味着他已经创立了科学形态的哲学世界观，而完全同他先驱者的哲学观点划清了界限。这里所谓的转变，是指他对思维和存在、理论和实践做出了唯物辩证的理解，同时，他诉诸无产阶级，将无产阶级视为人类解放，即实现共产主义的物质力量。马克思的这一转变，虽然距离他形成自己的完备理论体系还相当遥远，但对他创立这一崭新理论体系却具有根本的意义[①]。孙伯鍨进一步提出"两次转变论"，认为列宁所谓的"两大转变"只是第一次重大思想转变，即

---

① 黄楠森：《马克思主义哲学史》第1卷，北京出版社1991年版，第195—200页。

从唯心主义转向费尔巴哈式的人本学唯物主义，从民主主义转向一般共产主义。但此时的思想转变不是自觉产生，此时的共产主义也不等于科学社会主义。马克思这时虽然已经转变到唯物主义和共产主义的立场上，但这还不是辩证唯物主义和历史唯物主义，也不是科学共产主义，而是一种具有浓厚的费尔巴哈色彩的唯物主义和人道主义的共产主义。正是在这个理论前提下，他在这篇文章中第一次阐述了无产阶级的历史使命。[①]张一兵也进一步认为没有深入政治经济学批判，马克思就不可能摆脱人本主义影响。

与黄楠森范式和孙伯鍨范式认同并发展了列宁范式不同，赵家祥以思想成熟作为转变完成的标志，直接否定了列宁的观点。他认为《导言》中的唯物主义显然没有达到马克思、恩格斯创立的辩证唯物主义和历史唯物主义的理论高度，此时的共产主义也只是哲学共产主义而不是科学社会主义，因此，既肯定了这篇文章在马克思向辩证唯物主义和历史唯物主义以及科学社会主义转变过程中的重要

---

① 孙伯鍨：《探索者道路的探索》，南京大学出版社2002年版，第141页。

地位，又指出了它尚未完成这种转变①。除此之外，也有学者不满于这些理解模式打破了马克思思想发展的一致性、统一性，提出人的解放的理解范式，孙熙国就特别强调马克思主义是一门研究如何让劳动者过上好日子的学问②。

显然，学界基本都认为《导言》中具有唯物主义的因素，问题在于此时的唯物主义是否是一种成熟的唯物主义？首先要清楚的是，马克思的唯物主义是何种意义上的唯物主义。在马克思之前就已经有法国唯物主义，与马克思同时代的费尔巴哈恢复唯物主义的崇高地位，但他们的论点都不是马克思理解的唯物主义。马克思的唯物主义必须是从实践出发，从人的主体地位出发，而这一观点是到1845年《德意志意识形态》和《费尔巴哈提纲》中才明确表达出来的。因此，《德法年鉴》时期马克思思想的转变当然很重要，从这一时期开始，唯物主义已经超越唯心主义占据了主导力量，为唯物史观的

---

① 赵家祥：《〈黑格尔法哲学批判〉导言〉的历史地位》，载《北京大学学报》（哲学社会科学版）2012年第4期。
② 孙熙国：《马克思主义究竟能够带给我们什么？》，载《红旗文稿》2016年第4期。

发现确定了正确的方向,但此时还不是成熟的唯物主义。那么,该如何认识《导言》在马克思思想发展中的地位呢?学者们的观点推动了理论的发展,但仍有不足之处:列宁范式有宽泛含混的不足,黄楠森范式较为公允但也不是特别明确,孙伯鍨范式有过度拔高费尔巴哈对马克思的影响之嫌,赵家祥范式没能区分立场转变和思想成熟的区别,人的解放范式没有很好地同人本主义划清界限,等等。

但学者们的探索却给我们提供了很好的启发,《导言》中的思想固然没有成熟,但确实在马克思思想转变的过程中发挥了重要作用。因此,理解列宁转变完成的论断,应该从立场转变的角度去看,"就建立理论探索上新的路径依赖,并在这条新的道路上指出无产阶级运动一系列基本原则而言,两大转变在《德法年鉴》时期已经完成"①。但思想发展成熟是一个长期的过程,不能求全责备。正如池超波认为,马克思正是以此为起点,从唯物主义立场出发,在批判黑格尔哲学和英国古典政治经济学的过程中制定了唯物主义历史观,进而发现了剩余

---

① 李健:《青年马克思思想发展"两大转变"论再认识》,载《高校理论战线》2013年第1期。

价值，把社会主义从空想变为科学，创立了马克思主义理论，指明了实现共产主义的正确方向，为无产阶级和被压迫人民的解放事业，为共产主义伟大事业作出了不朽的贡献。①

（二）马克思与费尔巴哈人本主义思想的关系

关于马克思在写作《〈黑格尔法哲学批判〉导言》时是否受到费尔巴哈人本主义的影响，学界的观点是一致的也是肯定的，即马克思受到了费尔巴哈的影响。但在马克思此时是沿用费尔巴哈人本主义观点，还是创造性地超越了费尔巴哈的人本主义，以及马克思的思想发展中是否存在一个费尔巴哈阶段等问题上，学者们的观点不尽相同。主要有两种主流观点，一种观点认为，马克思受费尔巴哈影响程度很深，基本处于费尔巴哈的一般阶段；另一种观点认为，马克思虽然受到费尔巴哈的影响，但只是带有费尔巴哈的人本主义的痕迹，主体是不同质的。

---

① 池超波：《标志马克思世界观转变的一个历史文献——读马克思〈〈黑格尔法哲学批判〉导言〉札记》，载《厦门大学学报》（哲学社会科学版）1983年第2期。

1. 存在费尔巴哈阶段

马克思在《导言》中的思想还不够成熟,《德法年鉴》时期乃至之后的一段时间里马克思都受费尔巴哈很大影响,这是现在学界主流的认识。马克思受费尔巴哈影响是肯定的,包括马克思主义经典作家在内的许多论述都印证了这一点。有学者就认为马克思思想的转变过程中存在一个费尔巴哈阶段,南京大学孙伯鍨老师的"两次转变论"观点就是其代表,认为"事实上,第一次转变虽使马克思摆脱了黑格尔思辨哲学的影响,但远没有达到历史唯物主义的高度。通过这一次转变,马克思基本上过渡到费尔巴哈人本唯物主义的立场"[①]。

恩格斯曾在《英国工人阶级状况》序言中表明:"公开拥护这种改造的人们当中,几乎没有一个不是通过费尔巴哈对黑格尔哲学的克服而走向共产主义的。"此外,恩格斯还在《路德维希·费尔巴哈和德国古典哲学的终结》中指出,费尔巴哈的《基督教的本质》出版,"直截了当地使唯物主义重新登上王座,这就一下子消除了这个矛盾。自然界

---

① 孙伯鍨:《探索者道路的探索》,南京大学出版社2002年版,第468页。

是不依赖任何哲学而存在的；它是我们人类（本身就是自然界的产物）赖以生长的基础；在自然界和人以外不存在任何东西，我们的宗教幻想所创造出来的那些最高存在物只是我们自己的本质的虚幻反映。……这部书的解放作用，只有亲身体验过的人才能想象得到。那时大家都很兴奋：我们一时都成为费尔巴哈派了。马克思曾经怎样热烈地欢迎这种新观点，而这种新观点又是如何强烈地影响了他（尽管还有种种批判性的保留意见），这可以从《神圣家族》中看出来"[1]。列宁指出，"马克思在1844—1847年离开黑格尔走向费尔巴哈，又超过费尔巴哈走向历史（和辩证）唯物主义"[2]。阿尔都塞认为，《论犹太人问题》和《黑格尔法哲学批判》这些文章只有在费尔巴哈总问题的背景下，才能够被理解。马克思思考的主题虽然超出了费尔巴哈直接关心的问题范围，但两人的理论格局和理论总问题却还是一样的。"在《论犹太人问题》、《黑格尔法哲学批判》等著作中，甚至有时在《神圣家族》中，青年马克思只是一个用伦理总问题去理解人类历

---

[1] 《马克思恩格斯文集》第4卷，人民出版社2009年版，第275页。
[2] 《列宁全集》第55卷，人民出版社1990年版，第293页。

史的费尔巴哈派先进分子。"①麦克莱伦也认为，在1843年底，费尔巴哈对马克思的影响达到"登峰造极的地步"，马克思的《黑格尔法哲学批判导言》是以费尔巴哈提出的那种人类解放思想为基础的，人本主义、消灭哲学、法德联盟这些主要论点都受到费尔巴哈的影响。费尔巴哈对马克思的影响主要是人本学，马克思对费尔巴哈虽然有批评，但并不认为费尔巴哈存在着严重缺点。可见，我们在谈论青年马克思思想转变问题的时候是无法绕开费尔巴哈的，这也在很大程度上印证了马克思存在一个费尔巴哈阶段的观点。

2. 并不存在所谓的费尔巴哈阶段

对于认为马克思存在费尔巴哈阶段的观点，也有学者从论述马克思和费尔巴哈根本区别的角度间接予以了否定。城塚登认为："必须强调的是，马克思的确从费尔巴哈那里继承了人的自我异化的观点，然而，他在继承的瞬间，又从费尔巴哈的思维范围迈出了一步。费尔巴哈说人的自我异化时，他所说的人是用感性的、自然的这一一般规定所理解

---

① [法]路易·阿尔都塞：《保卫马克思》，顾良译，商务印书馆2006年版，第29页。

的一般的人。但是,马克思同样说人的异化时,他所说的人是指生活在市民社会这一历史现实中的历史的、现实的人。正如我们在后面将要看到的那样,当马克思对市民社会的分析从法哲学的分析向经济学的分析步步前进并日益具体和深入时,随之而来,人的自我异化这个词的内容也愈加丰富和具体,并最终发展成为社会主义思想。"① 尼·拉宾指出:"费尔巴哈的人本主义影响是显而易见的,但马克思却从费尔巴哈关于人是人的最高本质的学说中得出了革命的结论,这些结论恰好证明了马克思在其文章开始时宣布的事实,即对宗教的批判已经结束。马克思的彻底性的理论是作为德国人解放的一个前提,它不同于费尔巴哈的唯物主义,而是费尔巴哈的唯物主义的继续和发展。"②

庄福龄认为,马克思对宗教的观点表明他已确立了唯物主义的世界观。他用社会的客观现实说明宗教的作用及消灭宗教的根本途径,一方面表明他

---

① [日]城塚登:《青年马克思的思想——社会主义思想的创立》,尚晶晶等译,求实出版社1988年版,第61页。
② [苏]尼·拉宾:《马克思的青年时代》,南京大学外文系译,生活·读书·新知三联书店1982年版,第213页。

接受了费尔巴哈唯物主义的影响，另一方面又表明他已超越了费尔巴哈的宗教观。①陈宇宙认为，马克思从人生活于其中的社会条件方面看待人的本质的歪曲，特别强调私人利益对人与人关系的破坏及其在意识中的反映。因此，马克思认为，必须更多地联系对政治状况的批判来批判宗教，而不是联系对宗教的批判来批判政治状况。马克思对黑格尔法哲学的批判，也是借鉴费尔巴哈对宗教批判的唯物主义方法，对现实政治国家做批判分析。这一批判的结果，不仅回答了费尔巴哈所不能回答的问题——人们是如何把宗教幻想塞进头脑中的？为马克思开辟了通往历史唯物主义的道路，而且远远超出了人本学唯物主义范围，最终导致新世界观的诞生。②邹诗鹏认为，马克思称道费尔巴哈的地方，正在于费尔巴哈把上帝的本质还原到人的本质……然而，宗教批判结束之后批判将引向何方，马克思与费尔巴哈存在着原则区别。费尔巴哈实际是重新导向抽象的哲学人类学，马克思则要求必须引入政

---

① 庄福龄：《简明马克思主义史》，人民出版社 1999 年版，第 43 页。
② 陈宇宙：《理解马克思——从〈中学毕业作文〉到〈哲学的贫困〉》，光明日报出版社 2013 年版，第 61 页。

治领域，与此同时还要求转变传统的资产阶级政治批判方式，进而通过社会解放实现人类解放。① 俞吾金则直接反对马克思存在费尔巴哈阶段的说法，首先，他认为马克思不可能从《黑格尔法哲学批判》到《神圣家族》还受费尔巴哈影响，而数月之后就在《关于费尔巴哈提纲》中对费尔巴哈进行了全面分析和批判，并在这么短的时间内成为费尔巴哈派。马克思在《〈政治经济学〉序言》中回顾自己从青年时期以来走过的思想历程，没有一个字提到费尔巴哈。如果真的存在这样一个阶段，像马克思这样具有严格科学态度的思想家是不可能一字不提的。其次，马克思的唯物主义是历史唯物主义，这种唯物主义根本不可能源于费尔巴哈的一般唯物主义，而只能源于马克思对现实斗争的参与、对国民经济学的探讨和对黑格尔历史唯心主义的批判。②

王东和林锋认为，这种观点不符合马克思思想演进的真实轨迹，夸大了费尔巴哈对马克思哲学的影响而忽视了两者的根本差异，也忽视了马克思

---

① 邹诗鹏：《激进政治的兴起：马克思早期政治与法哲学批判手稿的当代解读》，复旦大学出版社2012年版，第30页。
② 俞吾金：《被遮蔽的马克思》，人民出版社2012年版，第19—23页。

对黑格尔辩证法的批判性继承,曲解了《1844年经济学哲学手稿》的历史观的出发点。对于马克思的早期著作,"两次转变论"者的评价也与马克思本人及恩格斯、列宁的科学评价不相符合。[①]赵家祥认为,这种论断内在地"隐含着马克思曾经有过一个费尔巴哈人本主义的唯物主义阶段的思想。马克思在1842年到1844年虽然曾经深受费尔巴哈人本主义的唯物主义的影响,但他却从来没有成为一个完全的费尔巴哈主义者,没有经历一个费尔巴哈主义的阶段"[②]。他认为:"马克思在思想转变的过程中,曾经产生和存在着一个费尔巴哈人本主义的唯物主义阶段,这种认识显然是不正确的,因为它不符合实际。马克思在其思想转变过程中,虽然曾经深受费尔巴哈人本主义的唯物主义的影响,但却从来不是一个完全的费尔巴哈主义者。首先,费尔巴哈过分重视自然,轻视政治和社会问题;而马克思从其理论生涯一开始,就密切关注政治和社会问

---

① 王东、林锋:《马克思哲学存在一个"费尔巴哈阶段"吗?——"两次转变论"质疑》,载《学术月刊》2007年第4期。
② 赵家祥:《〈〈黑格尔法哲学批判〉导言〉的历史地位》,载《北京大学学报》(哲学社会科学版),2012年第4期。

题。其次，费尔巴哈轻视人的主体能动性和意识的能动作用，马克思从其理论生涯一开始就十分重视人的能动性和意识的能动作用。再次，费尔巴哈的哲学是形而上学的唯物主义，缺乏辩证法；马克思从其理论生涯一开始，就十分重视辩证法。即使在马克思深受费尔巴哈人本主义的唯物主义影响的期间，他的理论仍然没有失去不同于费尔巴哈的这三个特点。"①张一兵也认为，马克思从来都不是一个费尔巴哈主义者，此时青年马克思的哲学思想从根本上来看不过是一直在青年黑格尔派各种观点交互影响下形成的理论变体。②他指出："1843年夏天到1844年初，马克思写了《黑格尔法哲学批判》，并在《德法年鉴》上发表了《论犹太人问题》和《〈黑格尔法哲学批判〉导言》。至此，他在对黑格尔唯心主义的批判中，才完全地转到了费尔巴哈的唯物主义立场上来（马克思从来没有成为一个费尔

---

① 赵家祥：《〈〈黑格尔法哲学批判〉导言〉的历史地位》，载《北京大学学报》（哲学社会科学版），2012年第4期。
② 张一兵：《人本学的青年马克思：一个过去了的神话（上）——关于1843—1844年的马克思思想变体的一点史考》，载《求索》1996年第1期。

巴哈主义者)。"①

侯才在其1994年出版的《青年黑格尔派与马克思早期思想的发展》一书中认为,此时期的马克思采取了费尔巴哈《基督教的本质》等文中的若干基本论点。《基督教的本质》在马克思确立哲学唯物主义的过程中具有重要作用,但马克思从未成为真正意义上的费尔巴哈派。1843年3月13日马克思致卢格的信中就已经预示了他与费尔巴哈的分歧。因为《德法年鉴》时期马克思已经明显超越费尔巴哈:马克思将费尔巴哈宗教批判的最后结论和哲学的最高命题翻转为政治要求,将宗教与政治解放的关系提升为政治解放与人类解放的关系,并且拟定了经济异化分析的要点。其一,在宗教理解方面,费尔巴哈指出要用哲学消融宗教;而马克思认为宗教是世俗狭隘性的表现,而非原因,马克思把宗教的扬弃归结为实践而非单纯的理论问题,由此把锋芒指向德国制度,于是,费尔巴哈哲学的最高命题——人是人的最高本质,在马克思那里被翻转成

---

① 张一兵:《"市民社会"与"人":一个共时性与历时性向度中的逻辑悖论——读马克思的〈黑格尔法哲学批判〉》,载《江潭论坛》1994年第5期。

"推翻现存的一切有悖人的本质发展的社会关系",将宗教与政治解放的关系提升为政治解放与人类解放的关系。其二是异化学说,马克思更加鲜明地提出了对政治异化的批判。因而,马克思从民主主义转变到无产阶级立场,此时马克思已把无产阶级视为全人类解放的"实际可能性"和物质条件。

段忠桥反对苏联学者巴加图利亚的观点,认为历史唯物主义的最初表述就出现在《德法年鉴》中,认为马克思在这里已经发现革命所需要的物质基础是市民社会的状况,这实质上就是马克思在《〈政治经济学批判〉序言》中讲的第一个研究成果。① 张守民认为,马克思认定"彻底的革命、普遍的人的解放"是"当代问题的中心",立足于这个"当代问题的中心"阐明德国革命派"往何处去"的问题,是贯穿《导言》的中心思想。尽管马克思在这里还是用费尔巴哈人本主义哲学的语言表达自己关于"当代问题的中心"的思想的,但他把"人的解放"同无产阶级"否定私有财产"的要求、无产阶级反对资产阶级的阶级斗争、无产阶级

---

① 段忠桥:《马克思对历史唯物主义的最初表述是在〈黑格尔法哲学批判〉还是在〈德法年鉴〉》,载《社会科学研究》2008年第3期。

的历史使命紧密联系起来，就使"人的解放"具有了费尔巴哈人本主义哲学根本不具有的"无产阶级解放"和"共产主义"的新内涵。

由此可见，学者们都认为费尔巴哈对马克思产生了重要影响。但是对于影响到何种程度，却存在着分歧。而分歧的焦点在于，马克思是完全受费尔巴哈影响，持有费尔巴哈的立场，跟着费尔巴哈走，还是部分受费尔巴哈影响，借用了费尔巴哈的方法，有自己的方向？这是"换汤不换药"或者"旧瓶装新酒"的问题。我们支持第二种观点，诚然，马克思受到费尔巴哈的影响，并且这种影响还很大。但是，决不能据此认为马克思就存在一个费尔巴哈阶段。大多数人把恩格斯说的"那时大家都很兴奋：我们一时都成为费尔巴哈派了"当作马克思经历费尔巴哈阶段的直接证据，且不论梅林关于恩格斯记忆误差的指正和这种强调费尔巴哈《基督教的本质》一书重要作用的语气，马克思本人也从不认为费尔巴哈是尽善尽美的。马克思在给卢格的信中指出："费尔巴哈的警句只有一点不能使我满意，这就是：他强调自然过多而强调政治太少。然而这是现代哲学能够借以成为真理的惟一联盟。"①很多人竟然抓住"只有一点不能使我满意"而认为马克思基本接受费尔巴哈观点而站在费尔巴哈的立场上,却忽略了"然而这是现代哲学能够借以成为真理的惟一联盟"这一关键点。马克思的唯物主义和费尔巴哈的区别就在于费尔巴哈的唯物主义只局限在自然领域,而马克思更侧重社会历史领域,正是这一点,最终促使马克思历史唯物主义的产生。同时,看一篇文章的观点,最主要的还是回到原文,而且是透过形式的实质内容。马克思认为:"人创造了宗教,而不是宗教创造人。就是说,宗教是还没有获得自身或已经再度丧失自身的人的自我意识和自我感觉。但是,人不是抽象的蛰居于世界之外的存在物。人就是人的世界,就是国家、社会。这个国家、这个社会产生了宗教,一种颠倒的世界意识,因为它们就是颠倒的世界。"② 如果只看前半句,明显马克思继承了费尔巴哈的观点,但是,后半句的转折,才从根本上体现了马克思同青年黑格尔派的原则性区别。

---

① 《马克思恩格斯全集》第47卷,人民出版社2004年版,第53页。
② 《马克思恩格斯全集》第3卷,人民出版社2002年版,第199页。

青年马克思赋予他的法哲学批判以费尔巴哈的主谓倒置方法。但是，这种方法的运用，只是为了批判黑格尔，而不是为了走向费尔巴哈。正如马克思在给卢格的信中指出他对费尔巴哈不满意的地方，费尔巴哈对黑格尔的颠倒只是在神学领域打转，而马克思却引入了政治哲学领域。费尔巴哈仅仅认识到了思维的颠倒，但是没有认识到存在也是颠倒的。费尔巴哈把人与宗教的关系颠倒而强调人，却不知道人本身、市民社会也是颠倒的世界。费尔巴哈没有突破意识的内在性，所以费尔巴哈只能进入一般唯物主义，他试图把黑格尔驳倒却无法发现黑格尔哲学中辩证法的合理内核。"因此，费尔巴哈对黑格尔唯心主义的'从抽象到具体'的反对是正确的，但却也是肤浅的，费尔巴哈的唯物主义的简单直观性使其无法真正透视黑格尔深层次的社会历史辩证法，从而真正扬弃它。"[①] 如果马克思仅仅局限于"费尔巴哈派"，他也无法对黑格尔的神秘主义进行如此明确的批判，无法通向历史的、辩证的唯物主义。

[①] 毛华兵：《走出黑格尔的青年马克思》，中国社会科学出版社2013年版，第97页。

费尔巴哈的宗教批判是从对宗教批判进入到对哲学批判,揭示人的神圣形象的异化之后,就停留在人本主义立场上;而马克思的宗教批判走向现实批判,所以马克思的批判由对天国的批判走向对尘世的批判,同样的批判之所以带来了不同的结果,是因为两者从不同的层面来理解问题:首先,费尔巴哈把宗教归结为认识论的问题,马克思把宗教理解为社会存在的问题,这是马克思与费尔巴哈之间的原则性区别。当然《导言》中确实存在费尔巴哈人本主义的话语,但关键不在于马克思借用了费尔巴哈的人学话语,而是在于背后的真实意蕴。马克思虽然借用了人本主义的人学话语,但并不意味着马克思此时就是一个人本主义者。马克思人本主义话语最终的指向是对于社会、国家,对于人所存在的社会世界的批判和改造。也就是说,马克思人学话语的最终目标是要使人的本质具有真正的现实性,让人的本质具有真正的现实性就是要改造人的现存世界。其次,共产主义中一定具有人本主义的立场。共产主义是不可能反人本、反人类的,之所以在哲学上批判人本主义,不是因为它以人的解放为目标这一点错了,而是因为它把人的存在当作哲学思想的实体基础,就像费尔巴哈把他的思想体系奠基在绝对精神这种实体基础上,而人本主义把他们的思想体系奠基在人的本质这种实体之上。这种实体化的本体论思维方式是马克思从头至尾都没有的,当马克思追求人的本质的现实性的时候,实际上正如马克思所说的"人不是抽象的蛰居于世界之外的存在物"[1]那样,人不是抽象的存在,人也不是解释一切发展的最终根源,人也不是历史发展的内在动力和最终目的,人的本质的丧失和回归也不代表着人类历史发展的一般图式。所以,马克思根本没有人本主义的思想,马克思是要把人的不合理的存在改变为合理的存在,实现人的本质真正的现实性,也就是马克思所讲的"人的自我异化的神圣形象被揭穿以后,揭露具有非神圣形象的自我异化,就成为了为历史服务的哲学的迫切任务"[2]。从存在论的角度出发来理解,把人归结为人所存在的世界,而不是归结为人的本质。如果马克思仅仅局限于"费尔巴哈派",他也无法对黑格尔的神秘主义进行如此明确的批判,无法通向历史的、辩证的唯

---

[1] 《马克思恩格斯文集》第1卷,人民出版社2009年版,第3页。
[2] 《马克思恩格斯文集》第1卷,人民出版社2009年版,第4页。

物主义。

综上所述，要判断马克思是否存在费尔巴哈阶段，要以两者是否有原则性区别为依据。显然，两者在思维方式上有着原则性的不同。首先，费尔巴哈是由宗教批判转向哲学批判，是满足于一般的人的批判；而马克思是从对天国的批判转向对尘世的批判，是由宗教批判转向现实批判。其次，马克思和费尔巴哈在不同层面来理解宗教。费尔巴哈把宗教领会为认识论层面的问题；而马克思把宗教领会为社会存在（现象）的问题，认为国家和市民社会的颠倒使得宗教出现，然后人们到宗教中寻找安慰。此外，马克思并没有"人本主义"的立场。虽然在《导言》中马克思的确借用了不少费尔巴哈"人本主义"的话语，如"人是人的最高本质""抓住人本身"等，但是关键并不在于马克思借用了费尔巴哈"人本主义"的话语，而在于马克思借用这些话语背后所要表达的真实含义。而其真实含义主要包括这样两点：对人存在的这个国家的批判和改造；并没有把人的感性作为主体，即没有"人本主义"的立场。马克思是把人等同于人类世界，而不是把人类世界归结于人的本质。

因此，我们认为，应该把马克思对费尔巴哈思想方法的吸收放在一个合适的位置，不能忽视费尔巴哈对马克思的重要影响，但也不能过度拔高，把青年马克思这一时段的思想贴上"费尔巴哈阶段"的标签。我们在认识事物的初期，为了便于认识和理解，总是对具有某一特征的事物进行归纳，这样贴标签的方法对初期的探索是有益的。但是深入的研究却应该是一个去标签的过程，标签的好处在于便于整体把握，不足在于丢掉细节，甚至导致失真。简单地把马克思贴上一个"费尔巴哈阶段"的标签，无疑会遮蔽此时马克思对费尔巴哈的超越。

（三）"人的解放"问题研究

《导言》开篇写道："就德国来说，对宗教的批判基本上已经结束；而对宗教的批判是其他一切批判的前提。"[①]由于这一时期德国的宗教批判已经基本结束，马克思因而由宗教批判转向了对尘世和现实的批判。

1.政治解放与彻底的革命、普遍的人的解放

在《导言》中，马克思写道："对德国来说，彻

---

① 《马克思恩格斯选集》第1卷，人民出版社2012年版，第1页。

底的革命、普遍的人的解放，不是乌托邦式的梦想，相反，局部的纯政治的革命，毫不触犯大厦支柱的革命，才是乌托邦式的梦想。"① 政治革命所产生的政治解放的结果是"市民社会中的一部分解放自己，取得普遍统治，就是一定的阶级从自己的特殊地位出发，从事社会的普遍解放"②。有的学者指出，"市民社会获得解放的这一部分就是资产阶级。在马克思看来，政治革命就是资产阶级反对封建主义旧制度的革命。资产阶级把自身的要求和权利变成了市民社会本身的权利和要求，成为社会的头脑和心脏，并且使人民革命同资产阶级的解放完全一致，使自身成为整个社会的等级，资产阶级自身的解放就表现为普遍的自我解放。因此，马克思指出英国、法国等现代国家的政治解放并不是真正的人类解放，而只是资产阶级获得了解放，只是为实现人类解放创造了条件；这些现代国家的中心问题是对完成了的政治国家进行批判从而实现人类的普遍解放"③。

---

① 《马克思恩格斯选集》第1卷，人民出版社2012年版，第12页。
② 《马克思恩格斯选集》第1卷，人民出版社2012年版，第12—13页。
③ 刘洪刚：《落后国家的跨越发展：德国何以实现人类解放——重读〈黑格尔法哲学批判〉导言》，载《理论月刊》2012年第10期。

庄福龄认为，鲍威尔等人在批判宗教时抽象地谈论人的解放，认为人的解放就是通过国家改革来实现的政治解放。马克思指出，必须区分政治解放和人类解放。政治解放的实质是资产阶级革命，其目标只是消灭封建制度，实现资产阶级的民主和自由。政治解放并不谋求消灭私有制，也不可能消灭宗教。可见，政治解放并不是人的真正解放，只有彻底消灭私有制的社会主义革命，才能使人类彻底解放，也才能真正消灭宗教及其赖以产生和存在的根源。①张楠认为，人的解放成了马克思法哲学批判的理想与诉求。通过《黑格尔法哲学批判》对国家与市民社会关系的研究，马克思在《论犹太人问题》和《〈黑格尔法哲学批判〉导言》中探讨了政治解放与人的解放的问题，批判当时政治解放的实质与局限，提出了"使人的世界和人的关系回归于人自身"的解放思想，并创造性地提出了人的解放的承担者——无产阶级。②纳尔斯基指出，马克思明确表述了关于革命理论必须与革命阶级的斗争实

---

① 庄福龄主编：《简明马克思主义史》，人民出版社1999年版，第31页。
② 张楠：《从国家到市民社会——马克思法哲学批判研究》，东北师范大学硕士学位论文，2014年5月。

践相结合的思想。无产阶级只有掌握这样的理论，才能成为推翻私有制和剥削关系的威胁性的力量。[1]

张守民认为，马克思将"彻底的革命、普遍的人的解放"认定为"当代问题的中心"，立足于这个"当代问题的中心"阐明德国革命派"往何处去"的问题，是贯穿《导言》的中心思想。尽管马克思在这里还是用费尔巴哈人本主义哲学的语言表达自己关于"当代问题的中心"的思想，但他把"人的解放"同无产阶级"否定私有财产"的"要求"、无产阶级反对资产阶级的阶级斗争、无产阶级的历史使命紧密联系起来，就使"人的解放"具有了费尔巴哈人本主义哲学根本不具有的"无产阶级解放"和"共产主义"的新内涵。陈先达先生指出，马克思在《导言》中把异化和社会革命结合在一起，对政治解放和人类解放的问题做了富有内容的阐述。但是仅仅从消除人的本质的异化的观点来考察，并不能真正科学地揭示这两者的辩证关系，不能揭示它们相互联系和相互区别的客观经济依据。马克思指出政治解放的局限性是对的，但是认

---

[1] И.С.纳尔斯基等:《十九世纪的马克思主义哲学》，金顺福等译，中国社会科学出版社1984年版，第79—85页。

为德国思想政治革命是乌托邦,认为德国"能够一个筋斗就不仅越过自己本身的障碍,而且越过现代各国面临的障碍"①,直接从事人类解放的观点是不成熟的。②

拉宾认为,《论犹太人问题》研究了人的解放同政治解放的关系问题,"好像是手稿的直接继续"③。高光进一步指出,《论犹太人问题》和《〈黑格尔法哲学批判〉导言》发生了思想上的飞跃,完成了从唯心主义到唯物主义的转变。如何实现人类解放?由什么力量来实现人类解放?这些问题是由《〈黑格尔法哲学批判〉导言》来回答的。从内容上看,两篇文章是姊妹篇,《论犹太人问题》中马克思提出了人类解放的任务,在《〈黑格尔法哲学批判〉导言》中,解决了依靠谁来完成这一历史任务和实现这一任务的途径。④

---

① 《马克思恩格斯选集》第1卷,人民出版社1972年版,第462页。
② 陈先达:《走向历史的深处:马克思历史观研究》中国人民大学出版社2010年版,第77—78页。
③ [苏]尼·拉宾:《关于马克思写作〈黑格尔法哲学批判〉手稿的时间问题》,马列著作编译资料第6辑,人民出版社1960年版,第77页。
④ 高光:《人生的探索和哲学的出路——从马克思的〈博士论文〉到〈黑格尔法哲学批判〉导言〉的探讨》,载《实事求是》1989年第5期。

2.先进理论与人的解放

马克思否定了政治革命的可能性,并提出彻底革命的必要性和可能性,而彻底革命的条件和思想武器就是"先进理论"。马克思说:"批判的武器当然不能代替武器的批判,物质力量只能用物质力量来摧毁;但是理论一经掌握群众,也会变成物质力量。理论只要说服人,就能掌握群众;而理论只要彻底,就能说服人。所谓彻底,就是抓住事物的根本。而人的根本就是人本身。"[①]马克思阐明了先进的理论具有巨大的革命作用,先进的理论是根本改造社会的斗争中强大的因素,而无产阶级是真正运用革命学说的结论并把它付诸实践的社会力量。

纳尔斯基指出,马克思在指出物质的社会力量在解决革命任务中的决定性意义时,同时也对革命理论本身的作用给予了高度的评价,他强调,革命理论在一定的条件下会转化为物质的力量,转化为革命群众的组织性、团结性。因此,马克思在这里讲到意识对存在的反作用:对革命的物质的动

---

① 《马克思恩格斯选集》第1卷,人民出版社2012年版,第9—10页。

力所给予的高度评价,这丝毫也没有贬低意识的作用。按照马克思的思想,物质的条件和精神的动因是处于辩证统一之中,是相互转化的。① 费多谢耶夫认为,"马克思提出无产阶级的世界历史作用的思想,表明马克思在同带有敌视无产阶级的那些阶级烙印的一切理论划清界限方面,迈出了重要一步。马克思第一次公开提出了青年黑格尔派理论观点的根本缺陷,指出他们企图把斗争局限在理论范围内"②。

拉宾提出,一种彻底的理论是人类解放的前提。马克思从费尔巴哈关于人是人的最高本质的学说中得出了革命的结论,这些结论恰好证明了马克思在文章开始宣布的事实,即对宗教的批判已经结束。这些结论也恰恰证明是关于人的论证;它们诉诸人的感情,因而为任何处于受屈辱、被奴役地位的人所理解。因此,马克思的彻底性的理论是作为德国人解放的一个前提,它不同于费尔巴哈的唯物

---

① и.c.纳尔斯基等:《十九世纪的马克思主义哲学》,金顺福等译,中国社会科学出版社1984年版,第79—85页。
② [苏]彼·费多谢耶夫:《卡尔·马克思》,孙家衡译,生活·读书·新知三联书店1980年版,第48页。

主义，而是费尔巴哈唯物主义的继续和发展。[①]而这样一种彻底的理论也正是无产阶级不可或缺的精神武器。

3. 人类解放的物质力量——无产阶级

学者们对马克思"人的解放"思想的探讨并不局限于《〈黑格尔法哲学批判〉导言》这一个文本，而是囊括了包括《导言》《论犹太人问题》甚至《德意志意识形态》等在内的一系列文本。至于《〈黑格尔法哲学批判〉导言》在何种意义上体现马克思关于"解放"的思想，学者们的意见近乎一致，都认为《导言》揭示了实现人类解放的物质力量在于无产阶级，实现人类解放是无产阶级的历史使命。马克思在分析德国解放的实际可能性在哪里时认为，"就在于形成一个被戴上彻底的锁链的阶级，形成一个表明一切等级解体的等级，形成一个由于自己遭受普遍苦难而具有普遍性质的领域"，而这个等级"就是无产阶级这个特殊等级"[②]。"德国的解

[①] ［苏］尼·拉宾：《马克思的青年时代》，南京大学外文系俄罗斯语言文学教研室翻译组译，生活·读书·新知三联书店1982年版，第209—216页。
[②] 《马克思恩格斯选集》第1卷，人民出版社2012年版，第15页。

放就是人的解放。这个解放的头脑是哲学,它的心脏是无产阶级。"① 对无产阶级的研究主要包括无产阶级及其历史使命、无产阶级与市民社会等。

马克思通过对无产阶级的实质与特征的分析,指明了无产阶级解放全人类的使命。通过马克思在《〈黑格尔法哲学批判〉导言》一文中对无产阶级境遇的描述,我们可以看到无产阶级的基本特征与实质:一是无产阶级是完全失去自由的等级,他们被戴上的是"彻底的锁链",无产阶级作为人,本也是生而自由的,同样享有"人是人的最高本质"这一绝对命令的内涵,如今却彻底地失去了自由,他们处于市民社会阶级之外,无法通过市民社会的利己主义掠夺争取自己的利益,因此他们必然是一个对市民社会绝望的阶级;二是无产阶级是一个普遍的受难的等级,他们遭受到的不公正与不合理,不是某个领域的状况,而是一般的不公正,这意味着他们是"没有任何地位"的,故而他们同现存的秩序的对立不是片面的对立,而是全面的绝对的对立;三是无产阶级是人性的完全丧失,是极其无辜

---

① 《马克思恩格斯选集》第1卷,人民出版社2012年版,第16页。

的受难,作为人之本质的人性在无产阶级身上完全丧失,无产阶级由于遭受普遍苦难,与现行制度全面对立,因而这个阶级的解放就是普遍解放,从而这个阶级是使市民社会一切等级解体的等级,它是市民社会否定性的因素。马克思在对无产阶级历史使命的阐释与论证过程中,分析了无产阶级的解放与人的普遍解放的内在一致性。首先,马克思从德国无产阶级的形成问题出发探讨了无产阶级的发展壮大与资本主义大工业的内在必然联系,即无产阶级是随着工业的发展而产生的,它一开始就与资本主义制度相矛盾,马克思指出,"德国无产阶级只是通过兴起的工业运动才开始形成的;因为组成无产阶级的不是自然形成的而是人为造就的贫民,不是在社会的重担下机械地压出来的而是由于社会的急剧解体、特别是由于中间等级的解体而产生的群众"①,不断地充实着无产阶级的队伍。其次,马克思分析了无产阶级革命与以往一切革命的根本区别,即无产阶级的自身解放,与社会的自身解放、人类的普遍解放是完全一致的,他指出:"无产阶

---

① 《马克思恩格斯文集》第1卷,人民出版社2009年版,第17页。

级宣告迄今为止的世界制度的解体，只不过是揭示自己本身的存在的秘密，因为它就是这个世界制度的实际解体。无产阶级要求否定私有财产，只不过是把社会已经提升为无产阶级的原则的东西，把未经无产阶级的协助就已作为社会的否定结果而体现在它身上的东西提升为社会的原则。"① 最后，需要指出的是，虽然马克思提出无产阶级具有与人民魂魄相同的开阔胸怀，具有鼓舞物质力量去实行政治的暴力的天赋和革命的大无畏精神，是彻底实现普遍的解放，超越政治的解放，把人们彻底从市民社会中解放出来的真正的解放者的等级，但是，"正如阿维内里所指出，这里的无产阶级几乎就是在黑格尔'普遍等级'的意义上使用的，它主要是一个人类学概念而不是经济学、社会学概念。因此，要使人的解放具体化，无论如何必须对无产阶级的经济规定作出分析，对市民社会的经济意义作出分析"②。

从无产阶级的定义和内涵角度来看，施德福先

---

① 《马克思恩格斯文集》第1卷，人民出版社2009年版，第17页。
② 郁建兴：《从政治解放到人类解放——马克思政治思想初论》，载《中国社会科学》2000年第2期。

生认为,马克思对"无产阶级"内涵的论述在《导言》中就可以找到,就是指"一个被戴上彻底的锁链的阶级,一个并非市民社会阶级的市民社会阶级,形成一个表明一切等级解体的等级"①,这个阶级是随着封建社会的解体、随着工业的发展而产生和发展起来的。这个阶级的地位决定了只有彻底解放全人类,才能获得自身的彻底解放。②美国学者乔纳森·斯珀伯指出,一场政治革命需要公民社会的一个阶级把自己的解放和整个公民社会的解放联系在一起,马克思得出了判断这种阶级的主要标准:一个遭受严重压迫的阶级,人们的条件非常困难,在现存的社会经济与政治制度中,其活动的可能性被严重压制。这样一来,这个阶级只能以全面推翻现状为手段,以达到实现自身解放的目的。③法国哲学家奥古斯特·科尔纽认为,马克思"对无产阶级和共产主义革命的理解起初还有点抽象,这实际上是由于他还没有详细地剖析资产阶级社会的

---

① 《马克思恩格斯选集》第1卷,人民出版社2012年版,第15页。
② 黄楠森:《马克思主义哲学史》,高等教育出版社1998年版,第26页。
③ [美]乔纳森·斯珀伯著:《卡尔·马克思:一个19世纪的人》,邓峰译,中信出版社2014年版,第81页。

经济基础。例如,他还把无产阶级理解为辩证的反题(即辩证对立因素),而把思想家和无产阶级的联合理解为思想和行动的结合"①。黄建都指出,这更多的是从哲学的意义上理解无产阶级,马克思对无产阶级的界定并不限于哲学层面,他也从现实的角度剖析了这一阶级。马克思认为,无产阶级这个特殊阶级的产生是近代工业运动和社会解体的结果,无产阶级和中世纪的农奴一样是被压迫的阶级,而无产阶级和农奴不一样的地方在于:无产阶级是现代工业的产物,无产阶级就像一面镜子,它折射出的是世界制度的解体,无产阶级作为现代工业的产物是其中的普遍受难者,同时又是结束这种苦难的物质力量。因此,在马克思看来无产阶级是被历史选定的阶级,一个遭受了普遍苦难又必将结束苦难的阶级。②

从无产阶级如何形成的角度来看,陈先达先生认为,马克思已经认识到无产阶级同资本主义社

---

① [法]奥古斯特·科尔纽:《马克思恩格斯传》第1卷,刘丕坤等译,生活·读书·新知三联书店1963年版,第655页。
② 黄建都:《"苦恼的疑问"及其解决:〈莱茵报〉——〈德法年鉴〉时期马克思文献及其思想再研究》,中国人民大学出版社2015年版,第333—334页。

会，同现代工业的内在关系，指出无产阶级是"非市民社会阶级的市民社会阶级""一个表明一切等级解体的等级"。无产阶级是市民社会阶级，因为它是在资本主义社会内部的一个阶级，例如德国的无产阶级就是随着德国资本主义工业的发展而形成起来的；它又是非市民社会阶级，因为它是"被彻底的锁链束缚着的阶级"，同代表市民社会的资产阶级是对立的；认识到无产阶级同私有财产发生全面的矛盾，因此它的最根本原则是要求否定私有财产；认识到无产阶级和人类解放的一致性，无产阶级只有解放全人类才能解放自己。①

从无产阶级的历史地位来看，麦克莱伦高度评价了无产阶级的重要性，他指出，马克思从他对德国状况忧郁的评论中得出了乐观的结论，即：与法国相反，德国的革命不是部分的，而必须是彻底的，只有无产阶级，在与哲学的联盟中才能完成这一革命。②陈先达指出，马克思在《导言》中还不

---

① 陈先达：《走向历史的深处：马克思历史观研究》，中国人民大学出版社2010年版，第76页。
② [英]戴维·麦克莱伦：《卡尔·马克思传》第3版，王珍译，中国人民大学出版社2005年版，第84页。

是从无产阶级的经济地位,而是以无产阶级"表现了人的完全丧失,并因而只有通过人的完全恢复才能恢复自己"①为论据论证无产阶级的历史地位的。②马克思把无产阶级看成人类解放的"心脏""物质武器",是人类有实际可能获得解放的关键所在。③但同时陈先达先生也指出,马克思对无产阶级地位和作用的分析,还不是建立在对资本主义生产方式进行分析的基础上,而是从人性异化的角度来论述的。在马克思看来,无产阶级之所以可能和必须担负这个伟大的任务,是因为"它本身表现了人的完全丧失,并因而只有通过人的完全恢复才能恢复自己"④。无产阶级在资本主义社会中的生活条件、状况和地位,同无产阶级作为人的本性是对立的。无产阶级已经丧失了合乎人性的东西,只有重新占有自己的本质,才能获得彻底解放。⑤杨党校、于鑫、

---

①④ 《马克思恩格斯选集》第1卷,人民出版社1972年版,第466页。
② 陈先达:《马克思早期思想研究》,中国人民大学出版社2006年版,第95页。
③ 陈先达:《走向历史的深处:马克思历史观研究》,中国人民大学出版社2010年版,第76页。
⑤ 陈先达:《走向历史的深处:马克思历史观研究》,中国人民大学出版社2010年版,第77页。

张子礼指出，马克思的"无产阶级"所具有的不仅是标明自己是社会消极代表的那种坚毅、尖锐、胆识、无情，同样也具有和人民魂魄相同的那种开阔胸怀，具有动用物质力量去实行政治暴力的天赋，具有革命的大无畏精神，无产阶级是真正"社会的头脑和社会的心脏"，是能实现"彻底的革命"变革的决定力量，无产阶级把自身从压迫下解放出来，也就必然推翻剥削制度的一切基础，无产阶级的解放进而就意味着全人类的解放。①

从无产阶级的历史使命的研究来看，列宁指出，马克思在《〈黑格尔法哲学批判〉导言》中解决了如何实现人类解放以及由何种力量来实现人类解放的问题，并在解决这些问题中，阐述了无产阶级伟大历史使命的思想。这是马克思完全转到共产主义的重要标志。"马克思学说中的主要一点，就是阐明了无产阶级这个社会主义社会创造者的具有世界历史意义的作用。"② 麦克莱伦指出，虽然这篇文章

---

① 杨党校、于鑫、张子礼：批判及批判的逻辑——解读马克思《〈黑格尔法哲学批判〉导言》，载《山东理工大学学报》（社会科学版）2007年第1期。
② 《列宁选集》第2卷，人民出版社1983年版，第437页。

的所有要点已经包含在《黑格尔法哲学批判》中了,"但有一个在当时极富创造性的强调,即把无产阶级作为未来社会的解放者加以强调"①。拉宾认为,无产阶级就是那种能够并且受命于历史本身去实现人类解放的现实力量。正是无产阶级应该体现人是人的最高本质的理论。无产阶级把哲学当作自己的精神武器。马克思精确地阐述了革命理论同革命阶级的实际斗争相结合的必要性。无产阶级只有掌握了这种理论才能成为消灭私有制关系和剥削关系的伟大力量。只有在无产阶级的革命斗争中,科学哲学不再仅仅是哲学,而成为实际变革的精神武器。②

费多谢耶夫认为,《〈黑格尔法哲学批判〉导言》回答了应当由谁克服政治解放的局限性来实现人的解放,哪种社会力量能体现社会的进步等问题。能够实现全人类解放的阶级,应当是一个同整个现代社会处于对立的阶级,应当是一个如果不解放全人

---

① [英]戴维·麦克莱伦:《马克思传》第4版,王珍译,中国人民大学出版社2008年版,第81页。
② [苏]尼·拉宾:《马克思的青年时代》,南京大学外文系译,生活·读书·新知三联书店1982年版,第209—216页。

类因而就不能解放自己的阶级,这个阶级就是无产阶级。马克思关于无产阶级——资本主义社会的摧毁者和新的社会主义世界的创造者——的世界历史作用的思想,具有重大的意义。它是社会主义从空想变为科学的起点。从这个时候马克思世界观的形成过程,同时也就是科学共产主义即革命的无产阶级世界观的形成过程。①

科尔纽也持相似的观点,他指出《〈黑格尔法哲学批判〉导言》是马克思的精神、政治和社会的发展的一个新阶段。这篇文章明显地能表现出他在巴黎期间法国无产阶级对他产生的影响。马克思现在已把无产阶级看成完成人类解放的力量,认为无产阶级将同革命思想家一起改造资产阶级社会,并用共产主义社会代替它。②在解决人的解放问题的时候,马克思已经超越了他在《论犹太人问题》中所提出的论点,而把即将使人得到解放的、资产阶级社会的改造理解为共产主义革命。这一革命——

---

① [苏]彼·费多谢耶夫:《卡尔·马克思》,孙家衡译,生活·读书·新知三联书店1980年版,第48页。
② [美]奥古斯特·科尔纽:《马克思恩格斯传》第1卷,刘丕坤等译,生活·读书·新知三联书店1963年版,第613页。

马克思在这里第一次清楚地表述了阶级斗争的概念——应当是被压迫和被剥夺了财产的阶级的事业,应当是无产阶级和跟他们联合在一起的革命思想家的事业。①

陈先达指出,《〈黑格尔法哲学批判〉导言》中马克思第一次对无产阶级的伟大历史使命做了精辟的论述。他说,德国解放的实际可能性"在于形成一个被彻底的锁链束缚着的阶级,即形成一个非市民社会阶级的市民社会阶级,一个表明一切等级解体的等级,这就是无产阶级"②。更深刻的是,马克思不是抽象地提出了这个论断,而是对无产阶级的地位、作用进行了一定的分析。马克思这时已经看到了无产阶级解放和人类解放的关系。上述一些主要思想,还处于萌芽状态,以后在《神圣家族》和《德意志意识形态》中进一步阐明,特别是在《共产党宣言》中,发展成关于无产阶级专政历史使命的完整理论。《德法年鉴》宣告了马克思"两个转变"

---

① [美]奥古斯特·科尔纽:《马克思恩格斯传》第1卷,刘丕坤等译,生活·读书·新知三联书店1963年版,第623页。
② 《马克思恩格斯全集》第1卷,人民出版社1956年版,第466页。

的基本完成。①顾海良先生指出,马克思分析了德国革命的可能性在于形成了工业无产阶级,阐述了无产阶级由于其历史地位而具有的世界历史使命,即无产阶级是肩负解放全人类的伟大历史使命的现实社会力量:"哲学把无产阶级当做自己的物质武器,同样地,无产阶级也把哲学当做自己的精神武器;思想的闪电一旦真正射入这块没有触动过的人民园地,德国人就会解放成为人。"而且他还认为,马克思已经指出了在德国实现彻底批判的"两个基本前提",即彻底革命的理论和彻底革命的社会阶级。②鲁克俭认为,《论犹太人问题》第一部分与《〈黑格尔法哲学批判〉导言》关系更为密切。它们有共同的主题,即哲学共产主义的宣言书,只不过《〈黑格尔法哲学批判〉导言》更进一步提出了无产阶级历史使命的问题。③金蕾蕾指出,马克思认为"无产阶级宣告现存世界制度的解体",是彻底革命的阶级。

---

① 陈先达:《陈先达文集第二卷——马克思早期思想研究》,中国人民大学出版社2006年版,第94—100页。
② 顾海良主编:《马克思主义发展史》,中国人民大学出版社2009年版,第46页。
③ 鲁克俭:《马克思早期文本中的几个文献学问题》,载《杭州师范大学学报》(社会科学版)2013年第6期。

同时，通过分析《导言》中出现的"普遍的领域"与"特殊的领域"、"普遍的不公正"与"特殊的不公正"、"普遍的权利"与"特殊的权利"、"历史的权利"与"人的权利"、人的本质的"完全丧失"与人的本质的"完全恢复"等抽象的人本主义概念和术语以及黑格尔式的晦涩思辨的语言，可以看出马克思在对德国无产阶级的形成和历史使命的论述中，深受费尔巴哈人本学唯物主义和黑格尔的影响。[①]张文木认为，马克思指出了无产阶级所具有的其他一切阶级所不具有的特点即无产阶级的解放同时就是阶级对抗的消灭；无产阶级的利益是整个"市民社会阶级"的最终利益，因此，无产阶级的解放同时就是人类解放的开始。这里马克思第一次阐明了无产阶级"必须推翻那些使人成为受屈辱、被奴役、被遗弃和被蔑视的东西的一切关系"，从而完成"从其他一切社会领域解放出来并同时解放其他一切社会领域"的伟大历史使命。[②]

---

① 金蕾蕾：《从"批判的武器"到"武器的批判"——〈《黑格尔法哲学批判》导言〉要点简析》，载《前线》2015年第1期。
② 张文木：《无产阶级的历史使命与人权——重读马克思〈《黑格尔法哲学批判》导言〉》，载《山东大学学报》（哲学社会科学版）1996年第2期。

从无产阶级与市民社会关系的研究来看,城塚登指出,马克思写《〈黑格尔法哲学批判〉导言》时,离写《论犹太人问题》大约只有两个月的时间,可是,《导言》表明了他的思想有了明显的进步。《论犹太人问题》的结论是:在市民社会中现实地活动着的人必须依靠自己的力量索回类存在。当他写成《论犹太人问题》时,在他的头脑中无疑一直在思考一系列问题,诸如到市民社会的何处去寻找人的解放的实际担当者呢?他们的实践的目标是什么?他们的现实手段又是什么?等等。他在《〈黑格尔法哲学批判〉导言》中决心更为具体地探讨人的解放问题。① 无产阶级诞生于市民社会之中,这一阶级能与市民社会对立,能从根本上改革市民社会,而且能在市民社会的自身中实现这一运动。无产阶级诞生于市民社会之中同时又处于市民社会之外,具有上述二重结构,它完全丧失了人性,最完全体现了自我异化,因而唯有无产阶级,才能对马克思提出的依靠市民社会自身的力量从根本上克

---

① [日]城塚登著:《青年马克思的思想——社会主义思想的创立》,尚晶晶等译,求实出版社1988年版,第60页。

服了市民社会这一课题提供答案。①

于是，马克思找到了无产阶级作为克服市民社会的人的自我异化状态，也就是完成人的解放的担当者。然而，人的解放的课题并未因此得到解决，仅仅是向解决的方向前进了一步。因为，还会产生一系列根本疑问。如这一阶级为人的解放应该做些什么？这个阶级具有完成这样伟大任务的能力吗？同时，在这里被称之为无产阶级的人具体地由什么样的人组成？无产阶级在社会上究竟能起到什么样的职能作用？等等，马克思对此没有做出回答。市民社会的人是利己的人，从根本上说，他们的生活受经济活动的规定。如果要到他们的实践中求得市民社会的克服和人的解放，就应该从经济观点上把他们具体化。马克思在这篇文章中提出无产阶级，可以说是这种具体化的表现之一。②

巴加图利亚在文章中提到，在《〈黑格尔法哲学批判〉导言》中，马克思谈到了作为市民社会组成

---

① ［日］城塚登著：《青年马克思的思想——社会主义思想的创立》，尚晶晶等译，求实出版社 1988 年版，第 63 页。
② ［日］城塚登著：《青年马克思的思想——社会主义思想的创立》，尚晶晶等译，求实出版社 1988 年版，第 64 页。

部分的"市民社会的各阶级"①。张楠认为,市民社会及其克服是青年马克思思想的核心问题,是他寻求自我突破、重构自我的重要出发点。马克思正是在法哲学批判中揭示了"市民社会"及其秘密。不过,马克思当时对市民社会的理解和把握,仍然是站在市民社会和政治国家二元论的立场上的,主要继承和批判黑格尔作为"需要体系""一切人反一切人的斗争"的市民社会观,在一定程度上还没有完全摆脱黑格尔法哲学的逻辑。尽管如此,马克思还是通过批判法哲学批判获得了一种"方法论的启发",开启了通往政治经济学批判的思想道路。②

陈先达等学者也强调市民社会研究的重要性。在马克思向共产主义过渡的过程中,他对市民社会所做的分析具有头等意义。在理论上,《论犹太人问题》《〈黑格尔法哲学批判〉导言》是对《黑格尔法哲学批判》中提出的市民社会决定国家这一观点

---

① [俄]巴加图利亚:《马克思的第一个伟大发现——唯物史观的形成和发展》,陆忍译,中国人民大学出版社1981年版,第22页。
② 张楠:《从国家到市民社会——马克思法哲学批判研究》,东北师范大学硕士学位论文,2014年5月。

的深化和发展。① 聂锦芳认为,马克思在《〈黑格尔法哲学批判〉导言》中的历史突破是:第一次把阶级的概念明确提升为自己哲学的中心概念之一,这是他剖析市民社会所取得的成果之一,第一次把无产阶级的概念推向社会分析的中心,首次提出哲学的阶级性和实践性,无产阶级是解放市民社会的动力,它直接预示着"哲学与无产阶级的联盟",批判的武器与武器的批判的完美结合。② 孙代尧在《马克思政治解放思想的内在逻辑》中认为,在《导言》中,马克思着重从革命实践的角度阐发了消除政治国家和市民社会的二元分离,以及实现从政治解放向更高层次的人的解放理想的过渡的现实途径,马克思明确地把实现这一历史使命赋予了革命的无产阶级。③ 何萍认为,解决宗教批判、政治批判与人的解放的问题,马克思通过考察宗教批判与政治批判的关系,深入市民社会之中,从市民社会

---

① 陈先达:《陈先达文集第二卷——马克思早期思想研究》,中国人民大学出版社 2006 年版,第 88 页。
② 聂锦芳主编:《马克思的"新哲学":原型与流变》,中国社会科学出版社 2013 年版,第 152—155 页。
③ 孙代尧、张端:《马克思政治解放思想的内在逻辑》,载《理论月刊》2014 年第 7 期。

的批判中找到了实现市民社会批判的物质力量——无产阶级,这一范畴的提出标志着马克思思想在这一时期发生了重大的转折:作为说明阶级的范畴,标志着马克思在世界观上已经由一个民主主义者转变为共产主义者;作为创造意识形态理论的范畴,标志着马克思的哲学视野已经由对现存社会的批判扩展到对未来社会的探讨。这也表明,马克思是站在比青年黑格尔派更高的层次展开对现存社会的批判。[1]

与此同时,也有学者指出了马克思此时"人的解放"思想的局限性。奥伊泽尔曼提出,这一时期所形成的无产阶级革命的概念,从彻底的、成熟的马克思主义观点看来,还不完全是科学的,因为它是同政治革命相对立的,马克思还没有谈及无产阶级专政的思想。[2] 赵家祥在《〈黑格尔法哲学批判〉导言〉的历史地位》中指出,马克思关于"人的解放"思想存在两个局限性:一是没有提出无产阶级

---

[1] 何萍:《马克思主义哲学史教程》(上),人民出版社2009年版,第57—60页。
[2] [苏]奥伊泽尔曼:《马克思主义哲学的形成》,潘培新等译,生活·读书·新知三联书店1964年版,第256页。

夺取政权、建立无产阶级专政、实现无产阶级的阶级统治的思想；二是没有提出无产阶级首先解放自己和受剥削、受压迫的劳动群众，然后解放全人类从而也使自己得到彻底解放的思想，总之就是还没有达到无产阶级取得政治统治、建立无产阶级专政的高度。①

我们需要把握《导言》中对"无产阶级"的本质认识，这也是把握市民社会的根本方法。首先，无产阶级是随德国工业的发展而出现的。其次，从生产资料的占有角度来说，无产阶级是非市民社会阶级的，是市民社会内部矛盾的体现，意味着市民社会一切等级的解体。同时，无产阶级的解放是普遍人的解放的前提。因为，无产阶级的解放是对双重缺陷的克服——既是对德国现状野蛮缺陷的否定，又是对文明缺陷的否定。而资产阶级民主革命只是摆脱了野蛮缺陷，并未摆脱文明缺陷。

（四）马克思宗教观的研究

这部分的研究主要集中在《导言》是否是马克思宗教观的奠基之作这样较为宏观的研究和针对

---

① 赵家祥：《〈〈黑格尔法哲学批判〉导言〉的历史地位》，载《北京大学学报》（哲学社会科学版）2012年第49卷第4期。

"宗教是人民的鸦片"的思想的微观研究。

1.《导言》是否是马克思宗教观的奠基之作

围绕《〈黑格尔法哲学批判〉导言》一文是否是马克思主义宗教观的奠基之作这一问题,学界的主要观点呈现出截然对立的态势:一种观点认为《导言》标志着马克思主义宗教学的奠基;另一种观点则持相反态度,认为《导言》并非马克思主义宗教观的奠基之作。

吕大吉先生在《西方宗教学说史》中说:"《导言》阐发的宗教理论……在马克思主义宗教学说体系中具有奠基性的地位。"[①]加润国在他的《马克思主义宗教观的奠基之作——马克思〈〈黑格尔法哲学批判〉导言〉的宗教观研究》一文中指出,"《〈黑格尔法哲学批判〉导言》是马克思完成了从唯心主义和革命民主主义向唯物主义和共产主义转变的标志性著作,是马克思告别宗教批判、转向政治批判的宣言书,是马克思主义的第一篇经典著作。马克思通过总结德国青年黑格尔派宗教批判运动的历史意义,从唯物主义和无神论立场揭示了宗

---

① 吕大吉:《西方宗教学说史》,人民出版社1994年版,第550页。

教的本质、根源和社会功能、社会作用，使之成为马克思主义宗教观的奠基之作"，"马克思和恩格斯为我们锻造的'第一个理论武器'，就是马克思主义宗教观，而马克思主义宗教观的'首要奠基性著作'，就是这篇《〈黑格尔法哲学批判〉导言》。"①。牛苏林持基本相同的观点，"《〈黑格尔法哲学批判〉导言》，是马克思1844年2月发表在《德法年鉴》上的一篇重要文章。该文是马克思在世界观上实现两个转变的重要标志，也是马克思主义宗教学发展史上一块崭新的里程碑。它科学评价和总结了德国宗教批判运动的优秀成果，深刻揭示了宗教的本质及其社会作用，把宗教批判同共产主义革命联系起来，第一次全面阐发了马克思关于宗教问题的基本理论。《导言》作为马克思主义宗教学的奠基之作，它的基本思想至今仍然闪耀着真理的光辉"②。

有的学者提出了不同的意见，如陈荣富在《〈〈黑格尔法哲学批判〉导言〉不是马克思主义宗

---

① 加润国：《马克思主义宗教观的奠基之作——马克思〈〈黑格尔法哲学批判〉导言〉的宗教观研究》，载《世界宗教研究》2014年第6期。
② 牛苏林：《马克思主义宗教学的奠基之作——读〈〈黑格尔法哲学批判〉导言〉》，载《中州学刊》1993年第4期。

教观的奠基之作》一文中指出,"通过对马克思主义宗教观的创立与唯物史观创立的内在逻辑关联、唯物史观的创立与政治经济学研究的内在逻辑关联的论述,以及对《〈黑格尔法哲学批判〉导言》内容本身的分析,充分说明《导言》不是'马克思主义宗教观的奠基之作',纠正了宗教学界这一几乎成为定论的观点"①。他认为,马克思主义宗教观是历史唯物主义宗教观,这种性质决定了它的创立同历史唯物主义的创立是同步的,两者相辅相成,是同一个过程的不可分割的两个方面。但《导言》从哲学性质上还属于费尔巴哈的人本主义哲学,还远没有达到历史唯物主义,其最重要的原因是,此时马克思的政治经济学知识还几乎是空白。并且从文本本身内容来看,仍然停留在唯心主义宗教观上,主要体现在:《导言》对费尔巴哈的宗教批判给予了过高的、不恰当的评价;夸大了宗教等社会意识的作用;《导言》深受布·鲍威尔"自我意识"哲

---

① 陈荣富:《〈《黑格尔法哲学批判》导言〉不是马克思主义宗教观的奠基之作》,载《世界宗教研究》2007年第2期。

学的影响。①魏琪辩证评价了《导言》的地位，在肯定它是马克思对以前宗教批判的总结，表达了马克思对宗教本质、社会作用等的最基本的观点，第一次较全面但又非常简略地阐发了关于宗教问题的基本理论的同时，也指出了它的不足之处："从理论发展的逻辑看，此时虽然马克思比费尔巴哈更进一步，看到了宗教异化的社会基础——政治异化，但还未发现政治异化源于何处，故对宗教本质的认识还未达到真正彻底的历史唯物主义高度。"②因此，从这一意义上来讲，由于马克思在写作《关于费尔巴哈的提纲》时辩证唯物主义和历史唯物主义世界观的形成，故而该文本中的"宗教思想比《〈黑格尔法哲学批判〉导言》的相应理论而言，就有了更坚实的哲学基础，在概念的表述上也更加科学"③。

2."宗教是人民的鸦片"的思想

马克思在《〈黑格尔法哲学批判〉导言》中对

---

① 陈荣富：《〈〈黑格尔法哲学批判〉导言〉不是马克思主义宗教观的奠基之作》，载《世界宗教研究》2007年第2期。
② 魏琪：《马克思主义宗教观研究》，中央民族大学博士学位论文，2005年。
③ 魏琪：《马克思主义宗教观研究》，中央民族大学博士学位论文，2005年。

宗教有这样一段描述:"宗教里的苦难既是现实的苦难的表现,又是对这种现实的苦难的抗议,宗教是被压迫圣灵的叹息,是无情世界的心境,正像它是无精神活力的制度的精神一样。宗教是人民的鸦片。"①列宁从当时俄国革命的具体情况出发,曾经指出:"宗教是人民的鸦片。宗教是一种精神上的劣质酒,资本的奴隶饮了这种酒就毁坏了自己做人的形象,不再要求多少过一点人样的生活。"②列宁还说:"宗教是人民的鸦片,马克思的这一句名言是马克思主义在宗教问题上的全部世界观的基石。"③

学者乔纳森·斯珀伯认为,马克思在《导言》开篇就承认,青年黑格尔派把宗教看作全人类的一种异化表达,指出宗教作为人类存在的一种异化表达,既反对这种存在,也安慰着这种存在,即宗教是"人民的鸦片"。因此,马克思认为对宗教的哲学批判或是柏林"自由人"在无神论生活方式上的尝试,做得都还不够;真正需要的是对社会环境与

---

① 《马克思恩格斯选集》第1卷,人民出版社2012年版,第15页。
② 《列宁全集》第12卷,人民出版社1987年版,第131页。
③ 《列宁选集》第2卷,人民出版社1987年版,第247页。

政治环境的批判,因为宗教已经把这些环境以异化的形式结合了起来。①

有学者的争论焦点集中在马克思所表达的意思中,即鸦片是否是麻醉剂或毒品。牛苏林认为"宗教是人民的鸦片"不是马克思的专利,并不是马克思对宗教本质规范性的界定,只是一个过渡性的临时喻语,不能成为马克思主义宗教观的代名词,更不能成为马克思主义在宗教问题上的全部世界观的基石。②赵复三在《究竟怎样认识宗教的本质?》中指出"宗教是人民的鸦片"的说法在马克思以前的德国早已流传,马克思只是引用,并不是用来概括宗教的本质,传统理解不符合马克思的原意,尤其不能应用于我国当前的宗教实际。③

国务院经济体制改革办公室副主任潘岳在其文章《马克思主义宗教观必须与时俱进》中指出:列宁在解释马克思"宗教是人民的鸦片"时创造性地

---

① [美]乔纳森·斯珀伯:《卡尔·马克思:一个19世纪的人》,邓峰译,中信出版社2014年版,第80页。
② 曾传辉主编:《马克思主义宗教观研究(2011)》,社会科学文献出版社2013年版,第49页。
③ 赵复三:《究竟怎样认识宗教的本质》,载《中国社会科学》1986年第3期。

加上了"麻醉"的字眼,改为人们熟知的"宗教是麻醉人民的鸦片",把原来"人民对宗教的需要"变成"统治阶级利用宗教麻醉人民"。① 针对潘岳的观点,中央编译局的宋书声、丁世俊等人有不同的看法。他们指出,列宁的提法与马克思的提法是一致的,潘岳摘引列宁的话用的是旧的中译文。《列宁全集》中文第 2 版已改译为"宗教是人民的鸦片",去掉了"麻醉"二字。因此,不能说"麻醉"一词是列宁加的。另外,从翻译的角度讲,"宗教是人民的鸦片"这一名言即使加上"麻醉"一词,也没有改变其内容实质。

叶小文认为,马克思讲"宗教是人民的鸦片"立意重点并非是"麻醉人民的鸦片"而是"受鸦片麻醉的人民",是哀其不幸——"宗教是被压迫生灵的探析,是无情世界的感情",促其奋斗——"反宗教的斗争间接地就是反对以精神慰藉的那个世界的斗争"。②

---

① 潘岳:《马克思主义宗教观必须与时俱进》,载《华夏时报》2001年12月15日。
② 俞可平、李慎明、王伟光主编:《马克思主义研究论丛第7辑,宗教观研究》,中央编译出版社 2007 年版,第 242 页。

陈荣富认为："宗教是人民的鸦片"是马克思对阶级社会宗教的社会政治功能的比喻性描述，不适用于原始宗教；它是马克思在特殊的文化历史背景下提出的，不能将其绝对化和普遍化；"宗教是人民的鸦片"，只是宗教在阶级社会中的政治功能的一个方面，只涉及马克思主义宗教观的一个侧面；不能用宗教的政治功能代替宗教的其他功能，应当把宗教视为人类掌握世界的一种方式，从更广阔的文化背景上来研究宗教的本质，如宗教对社会政治、经济、历史、文化、伦理、心理等方面的影响以及宗教的发展规律。①

金蕾蕾指出，马克思揭示了宗教具有"鸦片"的功效。"鸦片"指宗教所制造的"幸福"是虚幻的，是自欺欺人的，是掩盖统治阶级利己主义倾向的。马克思认为革命的第一道工序不是依旧戴上宗教这条失去幻想和慰藉魔力的锁链，而是揭示宗教之于人的异化，将德国革命的逻辑起点定格于对宗

---

① 陈荣富：《对"宗教是人民的鸦片"的再认识》，载《马克思主义与现实》2004年第6期。

教的批判，而这一切都必须诉诸人的现实理性。①

加润国指出，"宗教是人民的鸦片"是马克思对宗教多重社会作用的比喻，形象地说明了宗教社会作用的复杂性、两重性。鸦片是一种具有麻醉、致幻、成瘾等毒副性作用的草药，既能治病，也能致病。鸦片的治病作用是一时性的，只能少用、轻用，而且治标不治本。一旦多用、重用，就会成瘾、致病。人们信仰宗教，可以慰藉心灵，也可以为政治辩护，但作用有限，终究是靠不住的。用鸦片来比喻宗教，形象地说明了宗教的精神抚慰和麻醉、致幻、毒害作用。对此，我们应该联系上下文和时代背景来解读，特别是应该联系上文关于宗教的社会功能和作用的丰富内容来理解。②

唐斌指出，鸦片既是麻醉剂、镇痛剂，同时也是兴奋剂，马克思所讲的"鸦片论"要从多方面去看。马克思在表述"鸦片论"的时候是有上下文的。马克思说："宗教里的苦难既是现实的苦难的

---

① 金蕾蕾：《从"批判的武器"到"武器的批判"——〈黑格尔法哲学批判〉导言》要点简析》，载《前线》2015年第1期。
② 加润国：《马克思主义宗教观的奠基之作——马克思〈黑格尔法哲学批判〉导言〉的宗教观研究》，载《世界宗教研究》2014年第6期。

表现，又是对这种现实的苦难的抗议。宗教是被压迫生灵的叹息，是无情世界的心情，正像它是无精神活力的制度的精神一样。宗教是人民的鸦片。"① 从这几句话中可以看到，马克思表达的是一种对广大被压迫人民的叹息和同情。人们在现实生活中的"苦难""无精神活力"只能诉诸宗教，在宗教世界里表达"苦难"、在天国里发出"叹息"、在幻想中控诉"无情"，这正是麻醉和镇痛的作用，宗教对人民现实的痛苦通过麻痹和虚幻的转移进行镇痛。但对于宗教的作用仅仅有麻痹镇痛的认识是不全面的，宗教在社会中也会起到一种非主导性的积极作用。"每一个人都应当有可以满足自己的宗教需要，就像满足自己的肉体需要一样，不受警察干涉。"② 马克思指出人的宗教信仰是自由的。在论述到有关中国带有强烈宗教色彩的太平天国运动时，马克思除了表达了对中国人民不屈精神的赞扬外，还最直接地提到了宗教和鸦片这两者，"运动一开始就带着宗教色彩，但这是一切东方运动的共同特征，……看来很奇怪的是，鸦片没有起催眠作用，

---

① 《马克思恩格斯选集》第 1 卷，人民出版社 1995 年版，第 2 页。
② 《马克思恩格斯选集》第 1 卷，人民出版社 1995 年版，第 317 页。

反而起了惊醒的作用"。①这里的"鸦片"虽然指的是鸦片战争的"鸦片",但是从中我们也可以看出马克思对于鸦片的看法,从而能够从马克思用词上直接挖掘"宗教鸦片论"的全面含义。马克思关于宗教作用的看法是辩证统一的,这集中体现在"鸦片论"中。只是对于"鸦片"一词我们需要有全面准确的把握,既需要联系《导言》中马克思的上下文语境,也需要联系马克思在其他文章中的论述。②

3.宗教产生的社会根源

施德福先生认为,马克思在《导言》中,首先揭示了宗教的社会根源,指出"人并不是抽象的栖息在世界以外的东西。人就是人的世界,就是国家、社会。国家、社会产生了宗教即颠倒了的世界观,因为他们本身就是颠倒了的世界"③,认为在私有制为基础的"颠倒了的世界"里,劳动人民把自己的希望、幸福寄托于幻想的世界,因此"宗教里的苦难既是现实苦难的表现,又是对这种现实苦难

---

① 《马克思恩格斯选集》第1卷,人民出版社1995年版,第545页。
② 唐斌:《从〈《黑格尔法哲学批判》导言〉看马克思的宗教观》,载《福建论坛》(社科教育版)2011年第6期。
③ 《马克思恩格斯选集》第1卷,人民出版社1972年版,第452页。

的抗议"①；其次，马克思还认为，产生社会压迫的根源不在宗教中，而是在现实的社会关系中。因此实现人的真正自由，并不是像鲍威尔所说的那样在于摆脱宗教，而是要消灭产生宗教的社会关系。在这里，马克思还阐明了"政治解放"和"人类解放"的本质区别："政治解放"是市民社会中的一个社会集团即资产阶级的解放，但并不触犯私有制的社会大厦；而"人类解放"则要触动社会大厦的基础本身，即废除私有制，使全人类获得解放。②由上可见，马克思对宗教的社会根源的分析，显然已超过了费尔巴哈。

庄福龄指出，马克思认为宗教并非人世间一切罪恶的源泉，而只是它的具体表现，因此只能用人间的压迫来说明宗教的压迫。宗教这种颠倒的世界观是劳者不获、获者不劳这种颠倒的现实世界的产物。在阶级社会里，宗教起着维护剥削制度的作用，所以只有消灭了人间压迫，才能真正消灭宗教的压迫。马克思对宗教的这些观点，表明他已确立

---

① 《马克思恩格斯选集》第1卷，人民出版社1972年版，第453页。
② 黄楠森:《马克思主义哲学史》，高等教育出版社1998年版，第25页。

了唯物主义的世界观，他用社会的客观现实说明宗教的作用及消灭宗教的根本途径，一方面表明他受到了费尔巴哈唯物主义的影响，另一方面又表明他已超越了费尔巴哈的宗教观。①

加润国认为，宗教的本质是现实世界的幻想反映、宗教的根源在于现实的社会矛盾，费尔巴哈认为宗教的根源是"人"，这无疑是一个重大发现。所谓"人创造了宗教，而不是宗教创造人"，就是马克思从费尔巴哈那里继承过来的宗教根源观。但"人"是什么？费尔巴哈却没有给出科学回答。马克思指出，费尔巴哈把人理解为"抽象的蛰居于世界之外的存在物"是错误的，这样的"人"不能科学地说明宗教的根源。马克思把"人"理解为人的世界即国家、社会，把宗教解释为不合理、不完善的国家、社会的产物，这是唯物史观的解释，是马克思的独特贡献。②

唐斌认为，宗教的产生包括两个方面：其一，宗教的人创性而非天启性，从历史发生学来看，先

---

① 庄福龄：《简明马克思主义史》，人民出版社1999年版，第31页。
② 加润国：马克思主义宗教观的奠基之作——马克思《〈黑格尔法哲学批判〉导言》的宗教观研究，载《世界宗教研究》2014年第6期。

有了人，然后人创造了宗教，而不是宗教的天启性。马克思的宗教观念正是建立在宗教的人创性这一基础之上的。其二，宗教是人类自我意识缺失的产物，这就是马克思所说的人已经再度丧失了自身。在人的本质发生了异化之后，在宗教领域内，篡夺人自身位置的就是上帝。人的本质已经异化为外在于人自身的东西，人的意识飞向天国成为束缚人的对象。①

4.马克思对宗教的批判

麦克莱伦指出，马克思关于宗教的论述并不多，《导言》对宗教的阐述是他所有著作中最为详细的，他在这里表达的观点"宗教是异化的人的幻想"与他早期的思想完全一致。马克思认为宗教既重要又不重要，重要是因为它提供给人纯精神的补偿，使人们从改善物质的努力中转移出来；不重要是因为宗教的真正本质已经被费尔巴哈完全揭示出来了。宗教只是附属的现象，它依赖于社会经济环境，不值得进行独立的批判。但马克思在一般的意义上谈

---

① 唐斌：《从〈〈黑格尔法哲学批判〉导言〉看马克思的宗教观》，载《福建论坛》（社科教育版）2011年第6期。

论宗教,他的反对是彻底的。①

弗·梅林认为,马克思对宗教的推理直接接续着费尔巴哈,认为国家、社会产生了宗教这种颠倒了的世界观,因为它们本身就是颠倒了的世界。因此,反对宗教的斗争也就是间接地反对这个以宗教为精神慰藉的世界的斗争。而自从彼岸世界的真理消失以后,历史的任务就是要确立此岸世界的真理。因此,对天国的批判就变成对尘世的批判,对宗教的批判就变成对法律的批判,对神学的批判就变成对政治的批判。②

代俊兰、樊红敏指出,马克思认为,对宗教世界的批判就是对苦难世界批判的胚胎,宗教批判使人摆脱了幻想,使人能够作为摆脱了幻想、具有理性的人来思想,来行动,来建设自己的现实性;使人能够围绕着自身和自己现实的太阳来旋转。因此,废除作为人民虚幻的幸福的宗教,也就是要求实现人民的现实幸福。然而,要抛弃关于自己处境

---

① [英]戴维·麦克莱伦:《卡尔·马克思传》第3版,王珍译,中国人民大学出版社2005年版,第81页。
② [德]弗·梅林:《马克思传》,樊集译,人民出版社1972年版,第88页。

的幻想的宗教,就要求抛弃那需要幻想处境的现实苦难。而且在马克思看来,对尘世的批判,对法的批判,对政治的批判就是对颠倒了的现实世界的批判,对颠倒了的现实世界的批判就是向德国制度开火!①

周海滨指出,马克思在《导言》的前六个自然段,对宗教的批判进行了一个阶段性的总结,因为两百多年的启蒙史已经将宗教的批判开展到了历史的纵深。马克思在《导言》中对发生在人的内心的一种异化进行了批判,这种异化就是宗教异化。马克思在这里的宗教批判可以从两个方面进行理解:其一,宗教是对社会生活的颠倒反映,宗教里的苦难不过是现实苦难的表现而已;其二,"宗教是人民的鸦片"这一表述揭露了宗教的精神麻醉功能。同时,马克思接续着费尔巴哈的批判而进行了更加具有现实性的宗教批判,宗教统治的世界是"颠倒的世界",处于这种世界中的人必然"自我异化",上帝就是"人的自我异化的神圣形象"。马克思在

---

① 代俊兰、樊红敏:《人类解放与社会批判——〈论犹太人问题〉〈黑格尔法哲学批判〉导言〉解读》,载《以人为本与中国特色社会主义》2008年10月25日。

《导言》中对宗教的批判恰恰就是一种欲求现代的批判,一种揭露"自我异化神圣形象"的批判,一种将宗教批判引向社会批判领域的批判,这是对前现代性的批判。[①]

加润国论述了《导言》中马克思宗教批判的两个方面的内容,即:宗教批判是其他一切批判的前提、宗教批判具有重要的精神解放作用。他指出,宗教批判的目的在于精神解放。首先,宗教能给人精神安慰,使人获得某些幸福感,但这种感觉是幻想的结果,是虚幻的假象,只能给人一时的安慰,不能解决实际问题。马克思肯定青年黑格尔派的宗教批判,是因为它有助于促使人民去谋求现实的真正幸福。其次,宗教的本质是人民对现实处境的幻觉,这种幻觉不是人民自觉追求的结果,而是现实处境逼迫的产物。马克思肯定宗教批判,是因为它能帮助人民抛弃宗教幻觉、看到自己的真实处境,从而批判这一处境、改变这一处境。最后,宗教批判能够帮助人民抛弃关于现实处境的幻觉,有利于人民看到苦难尘世的真实面目,从而自觉地批判自

[①] 周海滨:《现代性欲求与现代性批判——〈黑格尔法哲学批判〉导言〉的二层批判进路解读》,载《佳木斯教育学院学报》2010年第3期。

己的现实处境,这使它成为对尘世的批判的胚芽。可见,宗教批判是有意义的,但它的意义又是有局限的。①

唐斌认为,马克思对宗教的批判包括对宗教本身的批判和超越宗教本身的批判,马克思对宗教本身持批判态度,其最终目的是建立人们自己的现实;同时,马克思不仅仅将目光停留在宗教本身,而是超越宗教,将批判的矛头直指现实世界,从理论上证明了反宗教就必须反对现存世界。②

总的来说,《导言》中马克思的思想转变是否完成的问题,实质上是对成熟的马克思思想界定的问题。马克思的唯物主义之所以不同于以往,关键在于其中包含的独特的因素,那种着眼于现实世界,从实践出发,从感性的人出发的独特视角。人的思想的发展中,每一步都有其特殊的意义。但如果必须要有个成熟与幼稚之分,《导言》中马克思的思想固然算不上成熟,但立场转变确实"彻底完成"。

---

① 加润国:《马克思主义宗教观的奠基之作——马克思〈《黑格尔法哲学批判》导言〉的宗教观研究》,载《世界宗教研究》2014年第6期。
② 唐斌:《从〈《黑格尔法哲学批判》导言〉看马克思的宗教观》,载《福建论坛》(社科教育版)2011年第6期。

在对黑格尔法哲学的批判中，马克思通过对黑格尔关于国家和法的唯心主义原则进行批判而得到的市民社会决定国家的思想，但这里的市民社会思想还不够成熟。在之后的《巴黎手稿》中，马克思通过深入分析市民社会，得出了生产劳动是历史发展的基础的结论。此后，马克思在《德意志意识形态》中，通过研究得出生产力与交往形式的矛盾是一切历史冲突的动力，得出了社会存在与社会意识相互关系的唯物史观原理，至此，科学的市民社会思想才得以完成。

马克思思想转变过程中，是否存在一个费尔巴哈阶段，实质上是马克思在多大程度上受费尔巴哈影响的问题，关于这一点，我们更应该关注的是思想的内核和发展的方向，而不是表现的形式。每个人的思想认识都会受其所处的社会历史环境影响，马克思也一样，费尔巴哈作为青年黑格尔派中突破黑格尔唯心主义"唯一向前迈出几步"的先进分子，必然有其值得学习的地方。马克思受费尔巴哈影响是思想上跟随还是方法上运用，不能说是完全割裂的，但应该有个主次，我们从他们思想深处的本质和发展的方向来看，马克思并不是"费尔巴哈派"。总而言之,《导言》是一个历史性的文献,不管它在马克思思想发展之路上是多么重要的里程碑,都必然有它的历史局限性。我们应该看到的是它理论的质点、思想的火花,给它一个合适的定位。从总体性的视野中,看到我们当今理论和实践应该努力的方向。

参考文献

1. 《马克思恩格斯全集》第1卷，人民出版社1956年版。
2. 《马克思恩格斯全集》第3卷，人民出版社2002年版。
3. 《马克思恩格斯全集》第47卷，人民出版社2004年版。
4. 《马克思恩格斯文集》第1卷，人民出版社2009年版。
5. 《马克思恩格斯文集》第2卷，人民出版社2009年版。
6. 《马克思恩格斯文集》第4卷，人民出版社2009年版。
7. 《马克思恩格斯选集》第1卷，人民出版社2012年版。
8. 《马克思恩格斯选集》第1卷，人民出版社1972年版。
9. 《马克思恩格斯选集》第4卷，人民出版社1995年版。
10. 《马克思恩格斯选集》第1卷，人民出版社1972年版。
11. 《列宁全集》第26卷，人民出版社1988年版。
12. 《列宁全集》第55卷，人民出版社1990年版。
13. 《列宁全集》第12卷，人民出版社1987年版。
14. 《列宁选集》第2卷，人民出版社1987年版。
15. 《列宁选集》第2卷，刘丕译，人民出版社1983年版。
16. [法]奥古斯特·科尔纽：《马克思恩格斯传》第1卷，刘丕坤等译，生活·读书·新知三联书店1963年版。
17. [苏]彼·费多谢耶夫：《卡尔·马克思》，孙家衡译，生活·读书·新知三联书店1980年版。

18.［日］城塚登：《青年马克思的思想——社会主义思想的创立》，尚晶晶等译，求实出版社1988年版。

19.［苏］尼·拉宾：《马克思的青年时代》，南京大学外文系译，生活·读书·新知三联书店1982年版。

20.［法］路易·阿尔都塞：《保卫马克思》，顾良译，商务印书馆2006年版。

21.［苏］尼·拉宾：《关于马克思写作〈黑格尔法哲学批判〉手稿的时间问题》马列著作编译资料第6辑，王珍译，人民出版社1960年版。

22.［英］戴维·麦克莱伦：《马克思传》第4版，王珍译，中国人民大学出版社，2008年版。

23.［英］戴维·麦克莱伦：《卡尔·马克思传》第3版，王珍译，中国人民大学出版社2005年版。

24.［德］弗·梅林：《马克思传》，樊集译，人民出版社1965年版。

25.［苏］巴加图利亚：《马克思的第一个伟大发现——唯物史观的形成和发展》，陆忍译，中国人民大学出版社1981年版。

26.［苏］奥·巴库拉泽：《马克思早期思想研究》，秦水等译，生活·读书·新知三联书店1963年版。

27.［苏］奥伊泽尔曼：《马克思主义哲学的形成》，潘培新等译，生活·读书·新知三联书店1964年版。

28.［苏］И.С.纳尔斯基：《十九世纪的马克思主义哲学》，金顺福等译,中国社会科学出版社1984年版。

29.［美］乔纳森·斯珀伯:《卡尔·马克思:一个19世纪的人》,邓峰译,中信出版社2014年版。

30. 曾传辉主编:《马克思主义宗教观研究(2011)》,社会科学文献出版社2013年版。

31. 陈先达:《陈先达文集第二卷——马克思早期思想研究》,中国人民大学出版社2006年版。

32. 聂锦芳主编:《马克思的"新哲学":原型与流变》,中国社会科学出版社2013年版。

33. 庄福龄:《简明马克思主义史》,人民出版社1999年版。

34. 黄楠森:《马克思主义哲学史》第1卷,北京出版社1991年版。

35. 黄楠森:《马克思主义哲学史》,高等教育出版社1998年版。

36. 黄楠森:《马克思主义发展史》,高等教育出版社1998年版。

37. 孙伯鍨:《探索者道路的探索》,南京大学出版社,2002年版。

38. 俞吾金:《被遮蔽的马克思》,人民出版社2012年版。

39. 毛华兵:《走出黑格尔的青年马克思》,中国社会科学出版社2013年版。

40. 邹诗鹏:《激进政治的兴起:马克思早期政治与法哲学批判

手稿的当代解读》，复旦大学出版社2012年版。

41. 陈宇宙:《理解马克思——从〈中学毕业作文〉到〈哲学的贫困〉》，光明日报出版社2013年版。

42. 吕大吉:《西方宗教学说史》，人民出版社1994年版。

43. 俞可平、李慎明、王伟光主编:《马克思主义研究论丛第7辑，宗教观研究》，中央编译出版社2007年版。

44. 张一兵:《马克思历史辩证法的主体向度》，南京大学出版社2002年版。

45. 何萍:《马克思主义哲学史教程（上）》，人民出版社2009年版。

46. 庄福龄:《简明马克思主义史》，人民出版社1999年版。

47. 陈先达:《走向历史的深处:马克思历史观研究》，中国人民大学出版社2010年版。

48. 黄建都:《"苦恼的疑问"及其解决:〈莱茵报〉—〈德法年鉴〉时期马克思文献及其思想再研究》，中国人民大学出版社2015年版。

49. 顾海良主编:《马克思主义发展史》，中国人民大学出版社2009年版。

50. 张守民:《坚定的立场伟大的转折——重读马克思的〈《黑格尔法哲学批判》导言〉》，载《高校理论战线》2011年第7期。

51. 池超波:《标志马克思世界观转变的一个历史文献——读

马克思〈《黑格尔法哲学批判》导言〉札记》，载《厦门大学学报》(社会科学与哲学版)1983年第2期。

52. 赵家祥:《〈《黑格尔法哲学批判》导言〉的历史地位》，载《北京大学学报》(哲学社会科学版)2012年第49卷第4期。

53. 林锋:《马克思〈问题〉与〈导言〉人类解放理论新探——兼评所谓"〈问题〉、〈导言〉不成熟论"》，载《东岳论丛》2011年第4期。

54. 孙要良:《对〈《黑格尔法哲学批判》导言〉三个经典命题的重新认识》，载《马克思主义与现实》2013年第3期。

55. 李健:《青年马克思思想发展"两大转变"论再认识》，载《高校理论战线》2013年第1期。

56. 聂锦芳:《思想的传承、决裂与重构(上)——〈德意志意识形态〉创作前史研究》，载《河北学刊》2006年第4期。

57. 陶富源:《马克思主义哲学形成中的决定意义的一步——读〈黑格尔法哲学批判》导言〉》，载《江西师范大学学报》(哲学社会科学版)1984年第4期。

58. 金恂:《马克思转向唯物主义和共产主义的重要标志——学习〈《黑格尔法哲学批判》导言〉札记》，载《江西社会科学》1985年第6期。

59. 岳海涌:《马克思主义体系探源——读〈《黑格尔法哲学批判》导言〉》，载《兰州学刊》1992年第1期。

60. 段忠桥:《马克思对历史唯物主义的最初表述是在〈黑格尔

法哲学批判〉还是在〈德法年鉴〉》,载《社会科学研究》2008年第3期。

61. 赵家祥:《〈《黑格尔法哲学批判》导言〉的历史地位》,载《北京大学学报》(哲学社会科学版)2012年第4期。

62. 孙熙国:《马克思主义究竟能够带给我们什么?》,载《红旗文稿》2016年第4期。

63. 代俊兰、樊红敏:《人类解放与社会批判——〈论犹太人问题〉〈《黑格尔法哲学批判》导言〉解读》,载《以人为本与中国特色社会主义》2008年10月25日。

64. 王东、林锋:《马克思哲学存在一个"费尔巴哈阶段"吗?——"两次转变论"质疑》,载《学术月刊》2007年第4期。

65. 张一兵:《"市民社会"与"人":一个共时性与历时性向度中的逻辑悖论——读马克思的《黑格尔法哲学批判》》,载《江潭论坛》1994年第5期。

66. 刘洪刚:《落后国家的跨越发展:德国何以实现人类解放——重读〈《黑格尔法哲学批判》导言〉》,载《理论月刊》2012年第10期。

67. 高光:《人生的探索和哲学的出路——从马克思的〈博士论文〉到〈《黑格尔法哲学批判》导言〉的探讨》,载《实事求是》1989年第5期。

68. 鲁克俭:《马克思早期文本中的几个文献学问题》,载《杭州师范大学学报》(社会科学版)2013年第6期。

69. 孙代尧、张端:《马克思政治解放思想的内在逻辑》,载《理论月刊》2014年第7期。

70. 加润国:《马克思主义宗教观的奠基之作——马克思〈《黑格尔法哲学批判》导言〉的宗教观研究》,载《世界宗教研究》2014年第6期。

71. 牛苏林:《马克思主义宗教学的奠基之作——读〈《黑格尔法哲学批判》导言〉》,载《中州学刊》1993年第4期。

72. 陈荣富:《〈《黑格尔法哲学批判》导言〉不是马克思主义宗教观的奠基之作》,载《世界宗教研究》2007年第2期。

73. 赵复三:《究竟怎样认识宗教的本质》,载《中国社会科学》1986年第3期。

74. 潘岳:《马克思主义宗教观必须与时俱进》,载《华夏时报》2001年12月15日。

75. 陈荣富:《对"宗教是人民的鸦片"的再认识》,载《马克思主义与现实》2004年第6期。

76. 张立杰、冯洁玉:《〈《黑格尔法哲学批判》导言〉的内在逻辑及批判路径》,载《社会科学辑刊》2018年第4期。

77. 刘洪刚:《落后国家的跨越发展:德国何以实现人类解放——重读〈《黑格尔法哲学批判》导言〉》,载《理论月刊》2012年第10期。

78. 张一兵:《人本学的青年马克思:一个过去了的神话

（上）——关于1843—1844年的马克思思想变体的一点史考》，载《求索》1996年第1期。

79. 金蕾蕾：《从"批判的武器"到"武器的批判"——〈《黑格尔法哲学批判》导言〉要点简析》，载《前线》2015年第1期。

80. 加润国：《马克思主义宗教观的奠基之作——马克思〈《黑格尔法哲学批判》导言〉的宗教观研究》，载《世界宗教研究》2014年第6期。

81. 唐斌：《从〈《黑格尔法哲学批判》导言〉看马克思的宗教观》，载《福建论坛》（社科教育版）2011年第6期。

82. 周海滨：《现代性欲求与现代性批判——〈《黑格尔法哲学批判》导言〉的二层批判进路解读》，载《佳木斯教育学院学报》2010年第3期。

83. 杨党校、于鑫、张子礼：《批判及批判的逻辑——解读马克思〈《黑格尔法哲学批判》导言〉》，载《山东理工大学学报》（社会科学版）2007年第1期。

84. 张文木：《无产阶级的历史使命与人权——重读马克思〈《黑格尔法哲学批判》导言〉》，载《山东大学学报》（哲学社会科学版）1996年第2期。

85. 郁建兴：《从政治解放到人类解放——马克思政治思想初论》，载《中国社会科学》2000年第2期。

86. 张楠：《从国家到市民社会——马克思法哲学批判研究》，

东北师范大学硕士学位论文,2014年5月。

87. 魏琪:《马克思主义宗教观研究》,中央民族大学博士学位论文,2005年。